大学入学
共通テスト
実戦対策問題集
英語〔リーディング〕

> 別冊
> 問題

旺文社

大学入学
共通テスト
実戦対策問題集

水野 卓 著

別冊
問題

英語〔リーディング〕

旺文社

も く じ

▶▶ 英文タイプ別問題

▶▶ 模試にチャレンジ

「模試にチャレンジ」第5問英文中の iPod, iTunes は，Apple Inc. の商標です。

▶▶ 重要語句の確認テスト

> 大学入学共通テストのリーディングについて，本冊の6ページ以降の説明を一読してから取り組むとよいでしょう。

1st

▶▶ 解答 本冊 P.14

A You are a member of the Chess Club. The club meets every Saturday at 2 p.m., usually at the University Center. You have received an email from Jeff, the President of the club.

Dear members of the Chess Club,

I've heard that the University Center will be closed for maintenance this weekend. So, this Saturday, the club will meet at Café Mozart instead of the University Center. Also, we are going to need a few volunteers to carry the chess sets from the University Center to Café Mozart before the meeting starts. If you can help out, please meet me at the club's locker at around 1:30 p.m. I will be there with the key.

Café Mozart is a nice place, and their coffee is excellent. So, bring your friends. Let them know the first cup of coffee is on us!

Cheers,
Jeff

問1　Jeff wants to tell you ☐ 1 ☐ .

　　　① <u>how</u> much it will cost to attend the next club meeting
　　　② <u>what</u> you need to bring for the next club meeting
　　　③ <u>when</u> the next club meeting will be
　　　④ <u>where</u> the next club meeting will be

問2　Jeff is also <u>seeking help</u> from ☐ 2 ☐ to carry chess sets from the University Center to Café Mozart.

　　　① a couple of the Chess Club members
　　　② a few of the Chess Club members and their friends
　　　③ all the members of the University Center
　　　④ the staff of Café Mozart

B You visited your city's English website and found an interesting notice.

VOLUNTEER OPPORTUNITIES:
INTERNATIONAL KIDS SUMMER SPORTS CAMP

About the camp:

The city will provide a variety of opportunities for kids to play sports this summer, and one of them is the International Kids Summer Sports Camp. In this program, boys and girls from many different countries will get together and practice and play sports. A child under 10 can be accompanied by his or her parent. The events to be instructed are basketball, soccer, judo, and swimming.

We need volunteers!

We are now looking for student volunteers for this event. Instructions will be given both in English and Japanese. We will have an English-Japanese bilingual coach for each sport, so your main job will be to play sports with kids. If you have experience in one or more of these sports, you are welcome to apply for this position.

The camp Schedule:

August 1	Basketball	City Gym	9 a.m. - 12 p.m.
August 2	Soccer	Daiichi Field*	9 a.m. - 12 p.m.
August 3	Judo**	City Gym	3 p.m. - 6 p.m.
August 4	Swimming	City Swimming Pool*	3 p.m. - 6 p.m.

* If it rains, the location will be moved to the City Gym.
** Please bring your Judogi (Judo Clothes).

To apply, click **here** before 5 p.m. on June 30th.

▲To learn more, www.xxx.yyy-city.gov/events/intl-summer-camp/

問1　The purpose of this notice is to find ⎡ 3 ⎤.

① bilingual coaches for each sport
② participants for the sports camp
③ people who can give instructions in English
④ students who can help with sports

問2　In this event ⎡ 4 ⎤.

① children from many countries participate every year
② children older than 10 years old cannot join
③ coaches from many different countries will instruct boys and girls
④ instructions for four different sports will be given

問3　You can learn from the schedule that ⎡ 5 ⎤.

① all sports may be played indoors
② all sports are planned to be held in the same location
③ some sports events are going to start at night
④ some sports are going to be played on the same day

2nd

▶ 解答 本冊 P.21

A You are a foreign exchange student staying with a local host family in Los Angeles (Jason 40, Becky 39, Mike 9, and Fido (a dog)). Now you are at school on lunch break, reading an email from Becky, your host mother.

Hi Tomoko,

It looks like I have to work late today. There is an important meeting scheduled late this afternoon that I need to attend.

I have already called Mike and told him to take the bus home today. So, he should be arriving home around 3:30. When he gets back, could you please make sure he does his homework, walks and feeds Fido before he starts playing video games?

As for dinner, I have ordered some Chinese food, and Jason will pick it up on his way home from work. I don't think I'll be able to make it home until late, so please don't wait for me to eat.

Becky

問1 Becky wants you to tell her son Mike ☐1☐.

  ① not to do his homework before he walks Fido
  ② not to play video games until his mother comes home
  ③ to do his homework and take care of Fido
  ④ to do his homework, walk Fido, and play video games

問2 Becky also wants you ☐2☐.

  ① to cook dinner by yourself
  ② to have dinner without her
  ③ to order Chinese food for dinner
  ④ to pick up dinner before Jason comes home

B You visited your city's English website and found an interesting notice.

SUMMER OPEN COLLEGE COURSE:
"FRENCH FOR BEGINNERS, TAUGHT IN ENGLISH"
the city's life-long learning program—also open to high school students

    COURSE: Beginner Level French
    DATE: July 18 – August 29 (Thursdays 6:30 p.m. - 8:00 p.m.)
    PLACE: The City University, Aoki Memorial Hall, Room 205

This course is for beginners, and every French word in the textbook has an English translation. So no prior French knowledge is required, but please note that the course is taught in English. The instructor for this course, Dr. Céline Bonnet, has 20 years of experience in teaching French in U.S. high schools—she has also taught many immigrant students whose English skills were limited. To participate in this course, you are expected to have basic-level English skills, which people typically learn in junior high school in Japan.

Course Schedule:
Lesson 1:	Introduction to the course, greetings, self-introduction, etc.
Lesson 2:	Asking questions
Lesson 3:	Everyday events and information
Lesson 4:	Shops and restaurants
Lesson 5:	Expressing feelings
Lesson 6:	Viewing French movies
Lesson 7:	Review quiz

＊Course Fee ¥10,000 (The materials fee of ¥2,000 is included.)
＊Lesson 4 will be given at Citron, a café on the 1st floor of the same building. A Snack Fee (¥500) will be collected on the day.

        For more information, please see the online catalog.

問1　The purpose of this notice is to find people who ☐ 3 ☐.

① have some knowledge of English and want to study another language
② have the experience of living in France and teaching English
③ want to improve their grades in English classes in high school
④ want to teach French to native English speakers in Japan

問2　In this course ☐ 4 ☐.

① people from France will be assisting the students
② students will be taught by a former college professor from the U.S.
③ students will not use any course materials
④ the instructor may not have much difficulty teaching Japanese people

問3　The students are going to ☐ 5 ☐.

① pay a total of 12,000 yen for this course
② pay some money other than the course fee
③ solve many French grammar problems in this course
④ take every lesson in Room 205 during the course period

1st

▶ [解答] 本冊 P.26

A You are getting ready to start college. You have moved into a one-bedroom apartment near the campus and now need to buy a refrigerator. Today on a website, you found one that looks good.

OBN FRDG-2S 140 Liter Double Door Refrigerator
$199.99   by Obun Electric Company
★★★★☆ 164 Customer reviews
Our Best Seller in Refrigerators!
Perfect for college students!

This refrigerator is built to hold a variety of items — from 2-liter bottles and soda cans, to items that need to stay frozen. The compact body and four different choices of color make it perfect for any small apartment or office.

Features --

Size - Compact	**Energy efficiency:**
Type - Double door	Estimated Operating Cost
Color – White / Silver / Black / Red	Summer：$8 per month
Door-pocket storage for 2-liter bottles	Spring / Fall：$4 per month
Good-sized Freezer	Winter：$3 per month

- -

Customer Ratings and Reviews:
101_Blue_Devil　★★★★☆

I'm a college student and I live in a dormitory on campus. My previous fridge broke after only one year of use, so I bought this one. It is really cold, it holds a lot of drinks and ice cream, and it runs very quietly. So far, I like it a lot. If it lasts until I graduate, I will give it five stars then!

Ex_Longhorn_07　★★★★★

The cool design with a black exterior makes it fit perfectly in my room. It is a small fridge, yet holds everything I need. If you don't cook regularly at home, this is all you need!

問1 This refrigerator would be good if you live by yourself and 6 .

① do not need a freezer
② do not prepare meals very often
③ want a large refrigerator
④ want a simple one-door refrigerator

問2 If this refrigerator is used in a city with a climate that changes throughout four seasons, the expected energy cost over a year would be 7 .

① about $20   ② about $45
③ about $50   ④ about $60

問3 One of the customers, 101_Blue_Devil, did not give this refrigerator five stars because 8 .

① it has already broken
② it makes a lot of noise
③ she is not sure if it will last long
④ she thinks it is just OK

問4 According to the website, one **fact** (not an opinion) about this refrigerator is that 9 .

① it can chill 3-liter bottles
② it is ideal for male students
③ it is the company's best-selling refrigerator
④ it is very quiet

問5 According to the website, one **opinion** (not a fact) about this refrigerator is that 10 .

① it has a good design
② it is suitable for office use rather than home use
③ one user has given it four stars
④ you can choose one with a black exterior

B Your English teacher gave you an article to help you prepare for the debate in the next class. A part of this article with one of the comments is shown below.

Japan to Go Cashless

By George Powers, Tokyo

2 JULY 2019 11:31AM

The Japanese government released its "Cashless Vision" in April 2018 to promote cashless payment systems. The ratio of cashless payment usage is now about 20 percent in Japan, and the government is trying to increase the ratio to 40 percent by 2025, when the World Expo is held in Osaka.

The report states that cashless payment systems will reduce the amount of work at stores and restaurants, and thus can help to solve the problem of labor shortages. Also, using digital money instead of cash will help the government collect taxes more efficiently. Moreover, cashless payment systems are considered safer and borderless (tourists from other countries can make payments easily).

However, there are problems and concerns, too. A financial technology engineer says, "You will have virtually no privacy in a cashless society. The systems record what you buy, and when and where. And the data recorded will be shared with banks, credit card companies, and possibly with the government. That is spooky." Also, though digital money is generally considered safer, this is only true when there is a stable power supply, which means a natural disaster, for example, can instantly throw a large number of people into financial chaos.

---

61 Comments

Newest

Megumi Yamamura   2 JULY 2019 8:31PM

Cashless payment systems are only good for large companies and the government. I run a small restaurant in a suburb of Tokyo and now accept various cashless payment options. Unfortunately, all it does is make me pay a fee to a credit card company every time a cashless payment is made!

問1　According to the article, the Japanese government is trying to ⬚11⬚.

① decrease the usage of cashless payment methods to 40 percent by 2025
② develop new cashless technology before the World Expo
③ double the ratio of cashless payment usage by 2025
④ increase the ratio of cashless payment usage by 40 percent before the World Expo

問2　Your team will support the debate topic, "Japan should become a cashless society." In this article, one **opinion** (not a fact) helpful for your team is that ⬚12⬚.

① cashless systems may contribute to solving the problem of the shortage of workers
② depending on cashless systems is not necessarily safer than using cash
③ the government is unable to collect taxes effectively without cashless systems
④ users can save some money by using cashless payment methods

問3　The other team will oppose the debate topic. In this article, one **opinion** (not a fact) helpful for that team is that ⬚13⬚.

① it is better to develop new technology for payments
② it is possible to build cashless systems which can resist power failures
③ only tourists can benefit from a cashless society
④ privacy may not be protected in a cashless society

問4　In the 3rd paragraph of the article, "That is spooky" means that the situation ⬚14⬚.

① is comfortable for him
② is unfavorable for rich people
③ makes him feel secure
④ makes him feel uneasy

問5　According to her comment, Megumi Yamamura ⬚15⬚ the government promoting cashless payment systems.

① has no particular opinion about
② partly agrees with
③ strongly agrees with
④ strongly disagrees with

2nd

▸ 解答 本冊 P.36

A You are on vacation abroad and are interested in taking a local guided tour. On a website, you found one that looks good.

Snorkel with dolphins: a single-day guided tour (small group)
$100.00

In this tour, you will swim with dolphins in the tropical ocean with an expert guide. This is one of our most popular tours, and we are sure you will love it!

Included: ☑ Snorkeling set ☑ Bilingual expert guide (English / Spanish)
☑ Free hotel pickup ☑ Lunch (add $20 to upgrade to premium)
☑ Drinks (soft drinks and water)

Notes:
Minimum age: 8
Minimum number of participants: 3
Maximum number of participants: 10
Environmental tax: $10 (not included in the price of the tour.)
Tip: 10 percent of the final price of the tour
If the tour is canceled due to bad weather or lack of participants, you'll be offered a different date or a full refund.

---

68 Customer reviews

Love_Traveling_86   August 2019

It was one of the most exciting experiences I have ever had! The ocean was beautiful, the guide was wonderful, and the lunch was gorgeous! (I paid an extra $20 for an upgrade.) The boat ride was a little bit rough, but the seasickness medicine they gave me was very effective.

Morita_Family_HelloWorld   July 2019

The clear water was awesome, and we were able to see not only dolphins but whale sharks and manta rays as well. The lunch was just OK, but everything else was more than perfect! My wife and I had a great time, and our kids enjoyed it even more. I cannot recommend this tour highly enough.

問1 This tour would be good if you want to [6].

① enjoy beautiful ocean and meet some sea creatures
② go to the beach and have a party
③ stay indoors and relax on a hot, humid day
④ visit historical sites with a tour guide

問2 In the case that the customers request a better lunch, the total cost of this tour for one person will be [7].

① $100   ② $122   ③ $132   ④ $142

問3 One of the benefits of the tour is that [8].

① guidance in Asian languages is guaranteed
② lunch is served at an extra cost
③ participants can rent private boats
④ the tour office staff will pick you up at your hotel

問4 On the website, one **fact** (not an opinion) about this tour is that [9].

① a family with children will enjoy it very much
② a previous participant got seasick and took medicine
③ it is offered only to people who speak English
④ you should take your friends to enjoy it more

問5 On the website, one **opinion** (not a fact) about this tour is that [10].

① it will be canceled if there are not enough participants
② people will surely love this tour
③ this tour isn't recommended for everyone
④ you can always see whale sharks and manta rays

B Your English teacher gave you an article to help you prepare for the debate in the next class. A part of this article with one of the comments is shown below.

New Graduates Care About Work Environment More Than Money

By Christine Sakamoto, Tokyo
16 MAY 2019 10:38AM

According to a survey by an online job site, new college graduates in Japan rated "good work environment (less stressful work and more vacation time)" as the most important factor in choosing a job—not "high salary."

"Companies may not welcome this trend," says a business analyst. "The work environment of a company is something you cannot know until you have worked there. So it often happens that new hires find their environment different from what they imagined and end up quitting their jobs. However, some managers believe that successful companies need to prioritize high salaries over the work environment.

On the other hand, there are people who think this trend is a positive one. Yoshiko Otsuka, the president of a leading advertising company, is one of them. She says, "The ultimate goal of a company is not money but the contribution to people's lives, and it should start within the company. The trend reminds us of this truth." She also mentioned her employees are more creative and productive in a better work environment.

26 Comments

Newest

Prisha Gupta 1 JUNE 2019 9:21 PM

I'm from India, and I am surprised to learn that young Japanese people are not so interested in money. In India, young college graduates work very hard. In large companies especially, they often work extremely hard and have no life. But they are happy as long as they make a lot of money. And thanks to them, the Indian economy is booming. I'm afraid Japan's economic power will decline soon.

問1 According to the online job site, Japanese new college graduates think ⬛11⬛ most important when they choose a job.

① a comfortable work environment
② getting a high salary
③ opportunities for promotion
④ the distance from home to work

問2 Your team will support the argument, "The trend toward seeking a comfortable work environment is not welcome." In this article, one **opinion** (not a fact) helpful for your team is that ⬛12⬛.

① companies make new graduates work harder
② companies should observe labor laws
③ giving priority to comfort lowers worker motivation
④ companies should offer good salaries to their employees

問3 The other team will oppose the argument. In this article, one **opinion** (not a fact) helpful for that team is that ⬛13⬛.

① a good work environment helped increase worker creativity
② companies should only care about making a profit
③ the job separation rate of the young is increasing
④ the trend may encourage companies to care more about workers' well-being

問4 In the comment by Prisha Gupta, "have no life" means ⬛14⬛.

① "are too tired to work overtime"
② "have serious health problems"
③ "do not have enough time to eat properly"
④ "have no time to enjoy things other than work"

問5 According to her comment, Prisha Gupta ⬛15⬛ the trend stated in the article.

① has no particular opinion about ② partly agrees with
③ strongly agrees with ④ strongly disagrees with

1st

▶▶ 解答 本冊 P.44

A You found the following article in a blog written by a Japanese foreign exchange student who goes to college in the United States.

Japanese Food — American Style

Sunday, September 15

It has been three weeks since I arrived in the United States.

Today, I would like to write about the Japanese food I came across on campus.

Chicken Teriyaki

Teriyaki is a common cooking method in Japan, but I never expected to hear the word "teriyaki" in an ordinary university cafeteria in America. So, when I heard someone ordering chicken teriyaki, I was surprised and decided to order one for myself. It turned out the dish was indeed chicken teriyaki but was cooked in a different way. They first grilled the chicken, then put what they call "a teriyaki sauce" on top. Some Japanese people might refuse to call it teriyaki, but it tasted pretty good. I later learned that "teriyaki" is now quite popular in the United States.

Instant Ramen Noodles

You can find instant ramen noodles in most supermarkets here, and they are popular in my dormitory as a late-night snack. But again, they are prepared differently.

Some Americans prefer "real" Japanese food. In fact, quite a few Americans know what true Japanese food is. But, many people seem to find "the American way" practical and are happy with the resulting dishes. I truly respect that.

問1 At this university's cafeteria, 16 .

   ① a special sauce was used to make chicken teriyaki
   ② instant ramen noodles are served for dinner
   ③ real Japanese food is preferred
   ④ some Japanese students refused to eat the chicken teriyaki

問2 You learned from this blog that 17 .

   ① most Americans are not satisfied with "Americanized" Japanese food
   ② the students in the dormitory eat instant ramen noodles without soup
   ③ the writer of this blog came to the United States three months ago
   ④ the writer of this blog did not enjoy the chicken teriyaki at the cafeteria

第3章

日記・エッセイ

B You found the following story on a "work abroad" website.

Outdoor Shoes and Indoor Slippers
Ryoko Saito (English Teacher)

One important thing for foreign visitors to Japan to remember is that the Japanese always remove their shoes before entering someone's home. However, as Kate Jones, an assistant English teacher from the UK, found out, the rules about shoes in restaurants can be a little more complicated. Kate had come to our junior high school to teach English for a year and although she was nervous about starting her new job, she was looking forward to discovering all the cultural differences between Japan and the UK. She was a little worried at first because she didn't speak much Japanese but she soon made friends with the other teachers and became very popular with the students.

When she had been in Japan for about two weeks, the mayor of our town invited Kate and the teachers of our school to a welcome party. The welcome party was held at a traditional Japanese restaurant. When we arrived at the restaurant, we removed our shoes and sat together at a low table. We ate many kinds of traditional Japanese foods and Kate tried many dishes she had never eaten before. During the meal, Kate went to the restroom alone. When the meal was over, the mayor gave a speech to welcome Kate to Japan. He then asked Kate to stand up and introduce herself.

Kate stood up and walked to the front of the room. Suddenly everyone started laughing. Kate was puzzled. The mayor pointed at Kate's feet and said, "You are still wearing your toilet slippers!" Kate was embarrassed at her mistake and apologized to the mayor. After she returned to the UK, Kate told me that during the year, she made many mistakes with both language and culture but thanks to those mistakes and the kind people who helped her, she learned more about Japan than she had ever expected.

問1 According to the story, Kate's feelings changed in the following order: 18 .

① nervous → confused → puzzled → embarrassed → worried
② nervous → embarrassed → confused → apologetic → fortunate
③ nervous → embarrassed → sorry → puzzled → confused
④ nervous → sorry → worried → puzzled → confused
⑤ nervous → worried → confused → embarrassed → sorry
⑥ nervous → worried → lucky → puzzled → confused

問2 Kate was interested in 19 during her stay in Japan.

① becoming popular with students
② finding out about cultural differences between Japan and the UK
③ learning how to cook traditional Japanese food
④ mastering Japanese shoe rules

問3 From this story, you learned that Kate 20 .

① stayed in Japan far longer than she had ever expected
② thinks she was able to learn a lot about Japan because of her mistakes
③ was always alone at school because she did not speak good Japanese
④ was invited to a farewell party by the mayor of the town

2nd

A You found the following article in a blog written by a female Japanese foreign exchange student who is about to start college in Canada.

Canadian Supermarket: It's Huge!
Wednesday, August 28

I moved into the dormitory two days ago, my home for the coming college years. And today, my roommate Jenny (see the previous blog post) and I went to a supermarket to buy things we need for everyday life.

This was my first time visiting a Canadian supermarket, and when I got there, I was totally amazed. It was huge! It was literally as big as a baseball stadium! The things they sold were huge, too. Milk, for example, was sold in 4-liter bottles, beef in several-kilogram chunks, and spaghetti sauce in 2-liter jars! There was also a large variety of frozen and canned foods, many of which I had never seen before. I really enjoyed looking around, because the things supermarkets sell reflect people's lives.

We ended up spending nearly two hours there. I felt a little bad for Jenny, but she said she was enjoying it, too. So it was OK, I guess. We bought shampoo, laundry detergent, and toothpaste.

I didn't need to buy any food since the dormitory's cafeteria provides three meals a day, but as I liked the label, I bought one food item, anyway. Jenny does not understand why I would want to display such a thing.

問 1　At the supermarket,　16　.

① foods common in Japan were not sold
② foods were sold mostly in small amounts
③ the writer found many kinds of frozen foods
④ the writer found only food items

問 2　You learned that the writer of this blog　17　.

① bought something to decorate her room with
② bought something to eat for breakfast
③ was not impressed by the supermarket
④ was not interested in peoples' lives in Canada

日記・エッセイ

B You found the following story on a blog.

Giving Money as Gifts

By Mariko Ikeda

I have been working in the United States for five months now but had not gone to a party the entire time. There have been a few group outings at work, but no birthday parties or engagement parties or anything like that. That's why I was so enthusiastic about going to a 25th wedding anniversary party of one of my coworkers.

I decided to bring some cash in an envelope called "Go Shugi Bukuro," which I had brought from Japan. In my experience people here usually enjoyed the things I shared from my home country.

I felt very sure my gift would be enjoyed by my coworker and her husband, but when I handed it over they didn't respond the way I had hoped. When they opened it up, they seemed surprised to find cash. They weren't angry, but they seemed a little confused. I felt rather disappointed to see that and asked my coworker if I did something wrong. She said she didn't mind and was simply surprised since she herself had never received money as a gift. That calmed me down a little.

Later, I learned that Americans don't give money as a gift very often. The reason I was given was that giving money suggests that you don't know the person very well. The idea is that you know what the person might like and buy something for them accordingly. I also learned that gift cards are more appropriate than cash in the U.S. Apparently, I should have asked someone what kind of gifts were appropriate before I made the decision. I became embarrassed that I made such a mistake and looked for my coworker to apologize. Giving gifts is a good way to communicate. However, in order to avoid offending the receiver's feelings, we should take their cultural background into consideration when choosing a gift.

問1 According to the story, Mariko's feelings changed in the following order: [18].

① excited → confident → disappointed → relieved → embarrassed
② excited → confident → embarrassed → disappointed → relieved
③ excited → disappointed → embarrassed → relieved → confident
④ excited → embarrassed → confident → disappointed → relieved
⑤ excited → relieved → confident → disappointed → embarrassed
⑥ excited → relieved → embarrassed → confident → disappointed

問2 The gift Mariko gave would have been considered normal in Japan, but in the United States it's considered to be [19].

① common among the young
② extremely rude
③ only for weddings
④ unusual

問3 From this story, you learned that Mariko [20].

① had decided to give money as a gift because she did not know what her coworker liked
② had not expected her coworker's confused reaction when she received Mariko's gift
③ usually has trouble thinking of what gifts to buy for wedding parties
④ will give gift cards along with cash as a gift from now on

第3章

日記・エッセイ

1st

▶ 解答 本冊 P.56

You are doing research on how young people spend their free time. You found these two articles.

Leisure Activities of Young People

by Julie Dale

A study by a group of American scientists has shown that young people today spend less time being active than their parents' generation. Exercise is important not only for physical health but for children's mental health and emotional development. Taking part in physical activity outdoors with friends can help children develop socially. It is well known that regular exercise can help prevent weight gain and other related health problems.

According to the American research, the most common leisure activities for children in 2015 were indoor pursuits such as watching TV and playing computer games. The graph below shows that in 2015, 100% of boys and 99% of girls spent time during the week watching TV or movies. In contrast, in 1985, only 66% of boys and 70% of girls spent time watching TV. The most popular activity in 1985 was "playing outdoors." The graph also shows a gender gap between different activities. Girls tend to spend more time on activities such as reading and art, while boys prefer computer gaming and riding bikes.

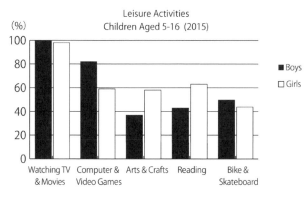

In 1985, the percentage of children who played computer games was almost zero. On the other hand, the percentage of boys and girls who played with bikes or skateboards were over 80% and nearly 70%, respectively.

In my opinion, children today spend less time exercising outdoors because there are more interesting activities to enjoy indoors. In the 1980s, few homes had computers and video games were uncommon. There were also fewer TV channels and people had less access to interesting movies so children entertained themselves by playing outdoors. I think it is important that parents limit their children's screen time and encourage them to spend more time outdoors for their health.

Opinion on "Leisure Activities of Young People"　　　　　**by M.K.**
August 2016

As an elementary school teacher, I have taught hundreds of children during my thirty-year career. I was sad but not surprised to see the research regarding children's leisure activities. In recent years, I have noticed how children come to school tired from staying up late watching television or playing on their computers, and this has a negative effect on their concentration. Young children nowadays spend less time playing outdoors and I have seen in my P.E. lessons that they have less stamina and strength than children twenty or thirty years ago. I have also seen that teenagers spend a lot of time on social media networks and this is making them feel stressed because of the pressure to be in contact with their friends all of the time.

More children and parents need to understand the benefits of spending time outdoors enjoying exercise and physical activities. I believe it is the parents' responsibility to ensure their children get enough exercise. I think they should also limit the time spent on computers and smartphones and ensure their children get enough rest.

Of course, it is important that children understand how to use computers. Computers can be a valuable learning tool. However, for young children, spending time playing outside and exercising with their friends is more important for their development and health.

問 1 Neither Julie Dale nor the teacher mentions ☐21☐.

  ① that computers can be useful for learning
  ② that physical activity is important for health
  ③ the benefits of spending time outdoors
  ④ the importance of arts and crafts activities

問 2 Which one of the leisure activities on the graph would the teacher most likely find beneficial for children? ☐22☐

  ① Arts & Crafts   ② Bike & Skateboard
  ③ P.E. lessons   ④ Social Network Service

問 3 According to the articles, physical activity has benefits for young people's ☐23☐. (Choose the set of correct answers.)

  A ability to handle pressure
  B mental well-being
  C physical health
  D reading skills

  ① A, B   ② A, C   ③ A, D
  ④ B, C   ⑤ B, D   ⑥ C, D

問 4 Julie Dale states that young people ☐24☐, and the teacher states that they ☐25☐. (Choose a different option for each box.)

  ① prefer to play outside
  ② should spend more time doing craft activities
  ③ should spend more time reading for educational reasons
  ④ spend too much time on social media
  ⑤ think indoor activities are more interesting than physical exercise

問5 Based on the information in the articles, you are going to make a presentation to your class. The best title for your presentation would be " 26 ."

① Make Physical Activity a Part of Your Daily Life
② The Importance of Getting Enough Sleep
③ The Increase in Physical Activity in Young People Since 1980
④ The Negative Effects of Gaming

You are doing research on growing food. You found these two articles.

Personal and Community Gardens

by Nicole Gonzales

February 2019

　In the modern world, fewer people make their living from farming than ever before. In fact, most people don't even live near where their food is produced. They live far away from farms and only see produce and meat when they go to the grocery store. In these circumstances, some people are wanting to push back against this trend by growing at least a little of their own food. They have done so by growing vegetables in home gardens or by raising small animals on their land. Sometimes they instead work with people in their communities to create larger shared gardens.

　There are many reasons to grow these kinds of gardens. For most people, it is simply a hobby or helps them feel more connected with the food they eat in general. Some people can't find a particular vegetable they enjoy cooking with where they live and want a ready supply. Some plants are more economical to grow yourself instead of buying them from a store.

　A survey of five countries shows some patterns in this practice. Generally, personal home gardens are more popular than community gardens. They are the most popular in countries that are less dense. People in these countries have homes that are large enough to plant gardens in. In addition, personal gardens are also more popular than community gardens in densely populated countries. Community gardens are only more popular in medium-density countries. For one thing, if the population density is low, there may not be enough people to manage community gardens. For another, if the population density is too high, there is too little land for creating them.

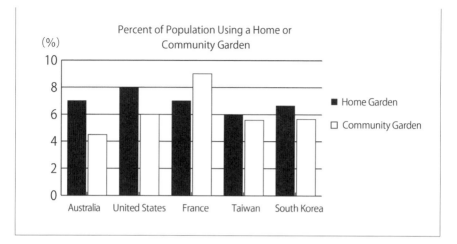

Percent of Population Using a Home or Community Garden

(%)

- ■ Home Garden
- □ Community Garden

Australia United States France Taiwan South Korea

Opinion on "Personal and Community Gardens"

by Daniel Potter

March 2019

I was glad to see the topic of community gardens brought up in Ms. Gonzales' article. It can sometimes be hard to set one up for a community and find people willing to participate. Many people don't see the benefit if they've only shopped for their food. In this country, less than five percent of people use a community garden. Most people don't think they're an option. However, those who take the time to try it are always satisfied with the results of their work.

Among the several positive points of public gardens, the most important one is the sense of community and shared knowledge that a community garden fosters. People working in the same garden support each other and help one another become better gardeners. This increases the amount of food grown and makes growing your own food even more efficient and economical.

Growing your own food also makes you more creative and less wasteful when cooking. Many people simply look up recipes and buy the ingredients right before cooking. If you buy more than the recipe calls for, you can end up throwing the leftover amount away. When you grow a large amount of the same kind of vegetable, it makes you plan around that ingredient. You start to become more creative and resourceful when cooking.

問 1　Neither Nicole Gonzales nor Daniel Potter mentions ☐ 21 ☐.

    ① changes in the number of people who grow food
    ② how population density affects gardening
    ③ the difficulty in starting a community garden
    ④ the nutritional value of home-grown vegetables

問 2　Daniel Potter is from ☐ 22 ☐.

    ① Australia
    ② France
    ③ Taiwan
    ④ the United States

問 3　According to the articles, home and community gardens can ☐ 23 ☐.
(Choose the set of correct answers.)

    A decrease pesticide use
    B increase agriculture exports
    C increase community involvement
    D reduce food spending

    ① A, B   ② A, C   ③ A, D
    ④ B, C   ⑤ B, D   ⑥ C, D

問 4　Nicole Gonzales states that home and community gardens ☐ 24 ☐,
and Daniel Potter states that they ☐ 25 ☐. (Choose a different option
for each box.)

    ① are a way of having access to rare produce
    ② are much more popular than flower gardens
    ③ change how people cook for the better
    ④ use less water than large grass lawns
    ⑤ were much more popular in areas with good transit

問5 Using the information from both articles, you are going to write a report for homework. The best title for your report would be " 26 ."

① Benefits and Reasons for Growing Your Own Food
② Changes in the Ingredients Used for Cooking
③ The Best Plants to Grow in Your Home Garden
④ Tips to Growing the Tastiest Vegetables Possible

Your group is preparing a poster presentation entitled "The Person Who Changed Science Forever," using information from the magazine article below.

Charles Robert Darwin, an English naturalist and biologist, changed the way we understand the natural world when he published his book *On the Origin of Species* in 1859. In that revolutionary book, he proposed that all living creatures evolved from a common ancestor, through the process of natural selection. Darwin's Theory of Evolution is now widely accepted by the scientific community all over the world.

Charles Darwin was born in Shrewsbury, England, on February 12, 1809. As a child, he showed a deep interest in natural history but was encouraged by his doctor father to follow him into a career in medicine. Charles Darwin entered Edinburgh University in 1825 as a medical student but soon became bored by his studies. Instead, he spent a great deal of his free time learning about plants and animals from experts he met at the university. It was at Edinburgh University that he first encountered the concept of evolution.

According to his father's wishes, Darwin moved to Cambridge University, and after graduating in 1831, Charles Darwin joined an expedition to South America on board the ship HMS Beagle. During the five-year expedition, Darwin visited many different South American countries. In each country, he found unique wildlife and fossils that provided strong evidence that all living things were descended from a common ancestor. In September 1835, the Beagle arrived in the Galapagos Islands. Darwin discovered many new types of birds on the islands that were similar to those found in neighboring Chile, but with new changes to their body and behavior. He noted that each island contained unique species perfectly adapted to their environment. These changes slowly occurred over many generations and this discovery supported Darwin's new ideas about how natural selection created new species.

Before returning to England, the HMS Beagle stopped in Australia. There, Darwin observed unusual animals such as the kangaroo and the koala. The differences he observed again helped him develop his theory about the origin of species.

On his return to England in 1836, Darwin began the work of organizing the fossils and bones he had collected on his expedition. He noticed that the fossils he collected were different but similar to creatures still living in South America, providing evidence that species can evolve. During the next twenty years, Darwin published research, gave presentations and continued to work on his book about the origin of new species. He included the observations he made on his voyage on the Beagle and used the fossils he collected as evidence. Charles Darwin's book, *On the Origin of Species* went on sale on November 24, 1859. At the end of the book, he suggested that humans also evolved in the same way as the other living creatures he had observed. This was a radical suggestion at the time. Reviews of his book were mixed, as many people did not want to believe that humans were related to animals and the Anglican Church argued that his ideas broke God's rules. However, scientists and thinkers at that time agreed with Darwin that one of the ways new species evolve is through natural selection. Natural selection is still taught in science lessons around the world today.

The Person Who Changed Science Forever
● **The life of Charles Robert Darwin**

Period	Events
1810s	Darwin spent his childhood in Shrewsbury, England.
1820s	27
1830s and beyond	28 → 29 → 30 → 31

Charles Robert Darwin

● **About *On the Origin of Species***

◆ First published on November 24th, 1859.
◆ The book received mixed reviews for the following reasons: 32

● **What Darwin taught us**

◆ Species can 33 .
◆ Natural selection is: 34 .

問 1 Members of your group listed important events in Darwin's life. Put the events in the boxes 　27　 ～ 　31　 in the order that they happened.

① Darwin organized and researched the fossils and bones he had collected during the expedition.
② Darwin studied at university in Edinburgh and Cambridge.
③ Darwin visited South America on HMS Beagle.
④ Darwin visited the Galapagos Islands.
⑤ Darwin's book *On the Origin of Species* was published.

問 2 Choose the best statements to complete the sentence. (Choose the set of correct answers.) 　32　

A Scientists argued against the concept of natural selection.
B The book argued against the idea that God created the various species we see today.
C The book contained little evidence of evolution.
D The book suggested that humans had also evolved through natural selection.
E The concept of natural selection was too difficult for people to understand.
F The radical group of the Anglican Church tried to block the publication of the book.

① A, F   ② B, C   ③ B, D
④ B, E   ⑤ C, D   ⑥ E, F

問 3 Which of the following completes the sentence? 　33　

① adapt to their environment
② change environments without adapting
③ eventually evolve into humans
④ quickly evolve into new species

問4 Choose the best statements to complete the sentence. (Choose the set of correct answers.) ☐34☐

   A a process invented by Darwin
   B a way of explaining why Darwin's ideas were incorrect
   C an old theory no longer believed by scientists today
   D one of the main theories that explain how species evolve
   E one of the reasons why different environments contain unique species
   F the process by which monkeys become human

① A, B   ② A, D   ③ B, F
④ C, D   ⑤ D, E   ⑥ D, F

第5章

物語・史実

Your group is preparing a poster presentation entitled "The Company that Invented Convenience Stores," using information from the magazine article below.

History of Convenience Stores

Convenience stores are found everywhere today but their invention is relatively recent. Convenience stores have only been open fewer than one hundred years. The earliest stores did not have all the features we expect from convenience stores today. For example, they weren't open 24 hours a day, though from the start late hours were an important part of being a convenience store.

The first convenience store in the world was started in Dallas, Texas in the United States in 1927. It was started by a man named Jefferson Green and was named the Southland Ice Company. The store originally did not serve as a convenience store, but was a store for buying blocks of ice used for cooling food. The store was open after grocery stores had closed and Green noticed that people often couldn't buy things they needed late at night. He decided to start selling simple foods at low prices so that customers had an option to buy things like eggs and milk late at night.

Over the next few decades, the company opened more stores across the state of Texas and then across the United States. They kept their locations open from seven o'clock AM to eleven o'clock PM, and in 1946 changed the company name to 7-Eleven. The company kept this name even when many stores went to being open 24 hours a day. The first store to stay open all night did so by accident. In the Texas city of Austin, the college football team won a game and many fans and students went to a nearby 7-Eleven after the game. There were so many people that the store couldn't close. People stayed through the night and into the next morning. The night was such a success that the company decided to open a store that was intended to stay open all night. They found an appropriate location in Las Vegas for their first 24-hour store in 1963. With so many people gambling and partying all night, it was a perfect fit. It wasn't long before most stores adopted this 24-hour-a-day schedule.

By 1966 the convenience store industry achieved one billion dollars in sales. One of the major reasons for the popularity of these stores was the new national highway system in the United States. With more people driving across the country, there was a greater need for small shops that could provide essentials for travelers. Many of these stores had attached gas stations as well. There were also more people working late in factories and in other jobs that kept them at work late. These people, including the now greater number of women who worked, appreciated the chance to buy things on the way home.

Following this success, American convenience stores expanded into other countries. In 1974 the first 7-Eleven opened in Japan. This store in Toyosu, Tokyo initially had trouble staying in business, but eventually became a big success. Japanese convenience stores brought about many innovations in business operations including new systems to keep products in stock. They also improved tracking systems that monitored what products were being bought and by what kind of people. These systems helped the convenience store companies to develop popular new products. Convenience stores became so successful in Japan that the Japanese division of 7-Eleven bought the parent company in the United States.

The Company that Invented Convenience Stores

● **History of 7-Eleven**

Period	Events
1920s	The Southland Ice Company opened.
1940s	27
1960s and beyond	28 → 29 → 30 → 31

● **About 7-Eleven**

◆ Originally started as a store that sold ice for refrigerating food.
◆ Was successful for the following reasons: 32

● **A new model for shopping**

◆ Modern purchase tracking systems developed in Japan helped stores: 33
◆ The convenience store model adapted to new patterns of modern life such as: 34 .

問 1 Members of your group listed key events in the history of 7-Eleven. Put the events in the boxes ⎡ 27 ⎤ ~ ⎡ 31 ⎤ in the order that they happened.

① Convenience stores had yearly sales of $1 billion.
② The company changed its name to 7-Eleven.
③ The first 7-Eleven in Japan opened.
④ The first 24-hour convenience store opened.
⑤ The Japanese portion of the company bought the American parent company.

問 2 Choose the best statements to complete the sentence. (Choose the set of correct answers.) ⎡ 32 ⎤

A They allowed gambling.
B They had low prices.
C They had many female employees.
D They had many locations.
E They were close to highways.
F They were open late.

① A, B, D   ② A, D, F   ③ B, C, F
④ B, D, E   ⑤ B, D, F   ⑥ C, D, E

問 3 Which of the following was a benefit from the purchase tracking systems 7-Eleven of Japan introduced? ⎡ 33 ⎤

① They allowed stores to stock items during only late at night.
② They could predict what kinds of products people would want to buy.
③ They limited the amount of trips that delivery trucks had to make.
④ They made it easier to keep track of items in a much larger store.

問 4 Choose the best statements to complete the sentence. (Choose the set
of correct answers.) [34]

   A   more travel being done by car
   B   more women working
   C   people watching television
   D   people working from home
   E   people working longer hours
   F   sports becoming more popular

① A, B, E   ② A, C, E   ③ A, E, F
④ B, C, D   ⑤ B, E, F   ⑥ D, E, F

物語・史実

1st

▶▶ 解答 本冊 P.79

A You are preparing for a group presentation on immigration for your class. You have found the article below.

Can foreign workers solve Japan's labor shortage?

[1]　Japan's shrinking, aging population and low birthrate means that businesses are facing a major shortage of workers now and in the future. While the current population of Japan is around 126 million, this figure is expected to drop to about 95 million people by the year 2050. The proportion of the population over the age of 65 is currently around 28% and this is predicted to rise to 35% by 2040. These changes in Japan's population are causing major recruitment problems in many industries and the government of Japan is considering a number of policies designed to solve this crisis. One solution is to encourage more women into the workplace. Another is to allow more foreign workers into Japan.

[2]　The Japanese government has recently approved changes to the law that will allow as many as half a million extra foreign workers into Japan by 2025. Most of these foreign workers will come from Asian countries such as China, Vietnam and the Philippines, and will mainly be employed in manufacturing, agriculture and the care industry. However, opponents of this policy claim that allowing so many foreign workers into Japan will put pressure on public services and cause an increase in crime. Other political opponents have claimed that the arrival of thousands of foreign workers will result in lower wages for Japanese workers.

[3]　Unlike most other economically developed nations, such as those in Western Europe, Japan has seen relatively little immigration until now. However, while many right-wing politicians are against admitting more unskilled foreign workers to Japan, there is still a significant number of people who are in favor of the policy. According to a survey by TV Tokyo and the Nikkei business newspaper, on November 26, 2018, 41% of Japanese voters agreed with the new policy related to accepting

foreign workers and 47% were against. The majority of those who agreed with the policy were young people.

[4]   Despite the concern of many politicians and older Japanese, the foreign workers seem to have been a positive addition to the country so far. In Hiroshima Prefecture, one in six fishery workers is foreign. For fishermen in their 20s and 30s, around half the workers are foreign. It is thanks to these foreign workers that the fisheries are able to operate. Without them, many businesses and even towns could not survive. Shinji Takasaki, 65, a manager of a fish processing factory in rural Hiroshima, is grateful for their contribution. "After a few months of training, they become good at their jobs. We really rely on them. It seems like a waste that they can't stay longer," says Takasaki.

[5]   The new policy is of course beneficial to the foreign workers themselves. By working in Japan for a few years, they can earn more money than they could in their own countries. Indeed, many such temporary workers in Japan are able to send a proportion of their earnings back to their families each month. In addition to the financial benefits, unskilled foreign workers can learn new skills that they can eventually use when they return home.

[6]   It is clear that Japan needs immigration to survive economically. However, it is important to ensure that the new policy benefits both Japanese society and the foreign workers themselves.

問 1 According to the article, the author calls Japan's labor shortage a crisis because | 35 |.

① it will lead to a smaller population and lower birthrate
② many foreign workers will come to Japan
③ more and more young people are becoming part-time workers
④ the situation is expected to worsen if no measures are taken

問 2 According to the article, which category of people tend to disagree with the new policy related to accepting foreign workers? | 36 |

① foreign workers
② right-wing politicians
③ women
④ young people

問 3 In Paragraph [4], the author most likely mentions foreign fishery workers in Hiroshima Prefecture to show | 37 |.

① how beneficial foreign workers can be
② how foreign workers have benefited from working in Japan
③ how foreign workers are better than Japanese workers
④ the negative aspects of having too many foreign workers

問 4 Which of the following statements best summarizes the article? | 38 |

① Japan is experiencing a labor shortage, but letting in more unskilled foreign workers is too risky.
② Japan is now admitting many more foreign workers, and this is a great opportunity for people in developing countries.
③ Japan needs to allow in more foreign workers, and this can be beneficial to both Japanese society and foreign workers.
④ Japan's population is both aging and decreasing, so foreign workers are needed to stop this trend.

第6章

論説文──論理展開の把握

47

2nd

A You are preparing for a group presentation on teletherapy for your psychology class. You came across this article.

Teletherapy and Mental Health

[1]   In the past, many people felt ashamed to see psychologists and other mental health professionals. However, society has changed so that many more people view mental health to be as important as any other aspect of a person's health.

[2]   This new focus on mental health has had at least one negative effect though. With more people trying to see mental health professionals, it has become harder to find one. Many therapists are too busy to take on new patients. Many patients live in areas with few psychologists who offer the care they need. It's this difficulty that has prompted the creation of teletherapy. Teletherapy is an approach that is made available using technological tools such as video chatting or texting. Teletherapy is most often used to describe therapy for mental health.

[3]   The benefits of such a system are obvious. Patients now have access to therapists who can help them with their specific problem even if there is not one in town. It's also convenient for patients who have trouble leaving their house because of either physical or mental disabilities. There is also a better chance that a patient can get a therapy session in an emergency. Many teletherapy services allow people to use their phones to get sessions immediately without an appointment. If a patient has a sudden need for care, they can get it right away instead of trying to deal with it on their own.

[4]   Teletherapy can also feel more natural for younger people who are more accustomed to interacting with people via texting and video chatting. Setting up an appointment with someone in an office can be a little scary for some people. For some people, chatting online can feel more comfortable, which allows them to be more honest about their feelings. Feeling relaxed is important when seeking mental health. Any format that helps people feel more comfortable is useful in the field.

[5]   Of course, not every aspect of teletherapy is beneficial. Communicating via texting doesn't allow the psychologist to consider things like the tone of voice and facial expressions. This makes it harder to identify patients' problems and give them advice. Even when video chatting, they can miss things like body language. Also, regular meetings with the same therapist help to create bonds of trust between the patient and the therapist. If someone uses an app to get help only occasionally, they won't see the same psychologist every time. Without such a relationship developed over a long period of time, it can be hard to be honest about one's feelings.

[6]   Even if there are still some negatives, teletherapy is becoming more of a reality in the field of mental health. Therapists will have to change their methods to take advantage of this new trend and many patients are now becoming aware of this new path for therapy. It may encourage more therapists to focus on special fields that affect only a small percentage of people. Whatever the case may be, it is already changing how we deal with mental health.

問 1　According to the article, the author claims that there is a shortage of mental health professionals because 　35　.

①　more people are seeking mental health aid than they did in the past
②　most people who want to be psychologists live far away from universities
③　psychology students are going into other work fields that pay more
④　some locations have different standards for becoming a therapist

問 2　According to the article, texting can be a good way to do therapy when 　36　.

①　issues are too complex to express out loud
②　therapists are dealing with multiple patients at the same time
③　therapists are out of the office
④　younger patients want to receive care

問 3　In paragraph [5], the author mentions body language as an example of 　37　.

①　a method of talking to patients that is out of date
②　a thing improved in teletherapy apps
③　an advantage of talking to therapists in their offices
④　information that therapists do not notice when helping patients

問 4　Which of the following statements best summarizes the article? 　38　

①　Teletherapy is an inferior form of therapy because it costs less money.
②　There are a wide variety of apps that offer teletherapy, but only a few of them offer good health care.
③　There are only a very small number of problems that can be taken care of using teletherapy.
④　While it does have some limitations, teletherapy is bringing mental health care to people who haven't had access to it before.

1st

▶ 解答 本冊 P.87

B You are studying wildlife populations in different parts of the world. You are going to read the following article to understand what has happened to the red squirrel population in the United Kingdom.

Visit any park or garden in the United Kingdom and you may be treated to the sight of a grey squirrel. It is hard to imagine that these charming creatures could be thought of as a problem but in fact, in the UK, grey squirrels are a non-native invasive species and the government is considering ways to reduce their number. The squirrel species native to the UK is the red squirrel, a smaller and weaker animal than the grey squirrel. Since the introduction of the grey squirrel, the number of red squirrels has declined from around 3.5 million to just 140,000. In comparison, there are now over 2.5 million wild grey squirrels in the UK.

The grey squirrels now living wild in the UK were originally introduced from North America in the 1800s as fashionable pets for wealthy landowners. However, they soon escaped and spread rapidly across the country. Grey squirrels do not harm red squirrels directly but compete with them for food and resources. The grey squirrel is larger and stronger than the red squirrel and can survive better in winter as it is able to store more fat on its body. Grey squirrels also carry the squirrel pox virus, a disease that kills red squirrels. For these reasons, the increase in the grey squirrel population has caused the rapid decline of the red squirrel. Now, in many parts of the UK, there are no red squirrels at all. Most of the 140,000 red squirrels live in remote locations such as North Wales and the Highlands of Scotland. It is estimated that the red squirrel will become extinct in the UK within 10 years if no action is taken.

In 1998, the UK government announced plans to control the grey squirrel population through trapping and killing them. However, many experts oppose these plans. They say that killing grey squirrels is not only cruel but also ineffective. As soon as grey squirrels are removed from an area, new grey squirrels move in. One potential method of

---

reducing the number of grey squirrels is to introduce a natural predator. This method has been effective in Ireland, where there has been a similar problem with grey and red squirrels. In Ireland, an animal called a pine marten has been steadily increasing in numbers due to a hunting ban in the early 1990s. A pine marten is a predator that eats small mammals, including squirrels. As the number of pine martens in Ireland has increased, the number of grey squirrels has decreased rapidly and native red squirrels have returned. Although pine martens eat both grey and red squirrels, it is thought that the red squirrels can escape from pine martens more easily because they are smaller. Red squirrels are returning to areas they have been absent from for thirty years. Many experts believe that the UK should learn from the Irish and reintroduce pine martens to help save the red squirrel from extinction.

問1 What does the article tell us about the current situation in the UK?
　　 39

① Native squirrels and non-native squirrels are able to cooperate with each other.

② Recently the number of red squirrels has risen to 14,000, while the number of grey squirrels has remained stable at 3.5 million.

③ The grey squirrel has been introduced as a natural predator that can be used to reduce the number of red squirrels.

④ The red squirrel population is almost extinct due to the introduction of the grey squirrel.

問2 Out of the following four graphs, which represents the situation in Ireland the best? ☐ 40 ☐

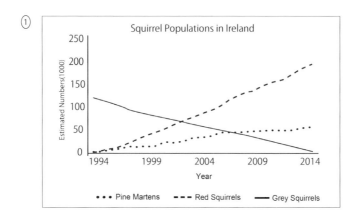

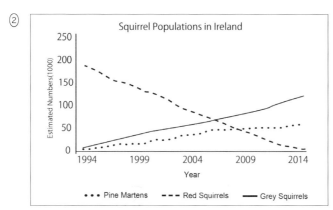

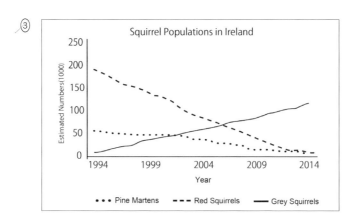

④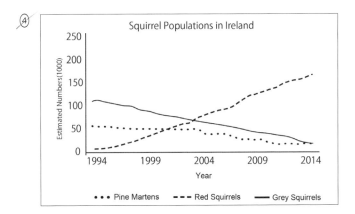

Squirrel Populations in Ireland

問3 According to the article, which two of the following tell us why grey squirrels became more common than red squirrels in the United Kingdom? (**Choose two options**. The order does not matter.)
[41] · [42]

① Grey squirrels are better able to compete for food and resources.
② Grey squirrels attack and kill red squirrels.
③ Grey squirrels came into the region after red squirrels were removed.
④ Grey squirrels carry a disease that affects red squirrels.
⑤ The UK government introduced the pine marten to control the squirrel population.

問4 The best title for this article is : [43].

① How the Pine Marten Could Save the UK's Red Squirrels?
② Is the Pine Marten Nature's Deadliest Killer?
③ The Importance of Non-Native Species in a Balanced Ecosystem
④ Why the Grey Squirrel is the UK's Favorite Animal?

2nd

▶▶ 解答 本冊 P.92

B You are studying new trends in food shopping. You are going to read the following article to learn about the new trend of meal kits.

Most people agree that cooking at home is a healthier option compared to eating out. Still, many people have trouble eating at home regularly. For most people, it is a matter of lacking the time or not having the skills to prepare a meal. One alternative is frozen meals but these are often not much healthier than eating at a restaurant. To help with this issue, some companies have started selling meal kits to customers. These kits come with all the ingredients needed to create a meal along with the recipe. This is meant to remove the time needed to shop. It also makes the process of cooking itself much easier with step-by-step instructions.

There have been similar products before in grocery stores such as spice mixes, but these usually required you to buy your own meat or vegetables. These new meal kits include everything needed to cook an entire meal. Customers who buy the kits don't have to worry about forgetting any ingredients. Customers also enjoy the chance to try new types of dishes they might not have eaten before. If shoppers see a vegetable that they've never eaten at the grocery store, they are not likely to buy it. However, if a meal kit includes it along with recipes for how to cook it, they are more likely to give it a try.

The most popular way to sell meal kits has been through subscription services. These services send a box full of ingredients for several meals. The business model has been very popular with 4.5 million subscribers spending $1.3 billion in 2015. Membership in these services grew to 5 million the following year and then up to 6 million a year later. Subscription numbers have grown slowly since then, but revenue has increased steadily every year since then until it reached $2.2 billion in the most recent survey. This increase in profits despite the lack of growth in subscriber numbers is mostly due to improvements in shipping and ingredient purchasing.

Though the meal kits have proved popular, there are some concerns. The ingredients are meant to be used once, so they are usually packaged in many small containers. If a dish calls for vinegar, it comes in a small

---

plastic bottle. This produces much more waste than buying a large bottle of vinegar that is used for multiple meals. Produce is also usually wrapped individually instead of unwrapped like in a supermarket. Some companies have tried to design more efficient packaging to fix these issues. Despite these concerns, meal kits are a growing and innovative model in the grocery industry.

問1 The popularity of meal kits is a result of ⬚39⬚ .

① customers who did not live near grocery stores and needed their food delivered
② grocery stores which were trying to sell produce that most customers were unfamiliar with
③ online stores trying to enter into the fresh food and grocery business
④ people not having enough time to shop and cook for themselves every day

問2 Out of the following four graphs, which illustrates the situation the best? ☐ 40

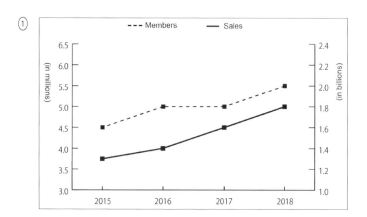

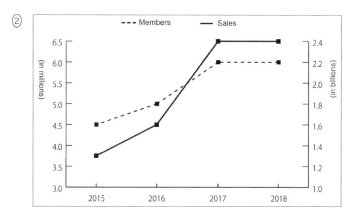

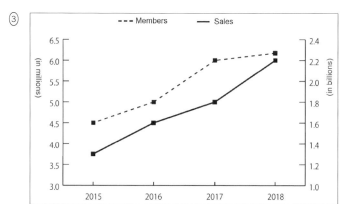

④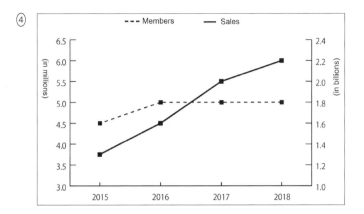

問3 According to the article, which two of the following are true about meal kits? (**Choose two options**. The order does not matter.)
41 · 42

① They are more popular with vegetarians and rarely contain meat.
② They are often just as unhealthy as meals one would eat at a restaurant.
③ They contain all the items needed to cook a dish from start to finish.
④ They cost less on average than other meals made at home.
⑤ They encourage people to try ingredients they normally wouldn't use.

問4 The best title for this article is : 43 .

① A New Trend in Home Cooking
② Eating Habits in the Modern World
③ Health Benefits of Cooking at Home
④ The Environmental Costs of Meal Kits

模試にチャレンジ 英語 リーディング

(100点 80分)

取り組み方

1. 巻末の「**解答用紙**」をコピーして，解答を記録しましょう。

2. 本冊の「**模試にチャレンジ 解答一覧**」や各問いの解説にて正解を確認し，「**解答用紙**」の「**小計**」欄に得点を記録します。

3. 本冊巻末の「**得点表・到達度確認チャート**」を使って到達度を確認しましょう。

A You are a college student. Today, it is snowing heavily, but you came to school anyway. Now in the classroom, you have found a message from the professor on the blackboard.

No Class Today!

Hello students,

Thank you for coming, but I am sorry to tell you that due to the snow all classes have been canceled today. I was hoping that you would check your email before you left home, but since you are here, I suppose you didn't.

You can turn in your homework now (there is a box by the front door), or wait until next class. Also, please note that we are going to have a mid-term exam on Friday as scheduled.

If you have any questions, please come see me during my office hours.

Thanks,
Odin

問 1　This message is meant for ☐ 1 ☐.

    ① all the students who are taking this class
    ② all the students who go to this college
    ③ the students who have completed the homework
    ④ the students who have missed the email notice

問 2　According to the message, ☐ 2 ☐.

    ① an exam has been postponed until Friday
    ② the homework can wait until the next class
    ③ the professor does not have any office hours
    ④ there will be a class to make up for today's cancellation

B You like reading novels and want to join a reading club. While browsing through the Internet, you found an interesting group.

Welcome to English/Japanese Book Club!

We are a group located in Shibuya-Ku, Tokyo, consisting of over 50 members who speak either English or Japanese or both. We meet up once a month at a café in Tokyo and talk about books written by a Japanese or a Western author. We take turns, which means in one month, we might pick a book by a Japanese author, then the next month, a book by a Western author, and so on. We usually select a book a few months ahead of time so the members can have time to prepare.

This is a great opportunity to hear what other people think about each book, and it will help you to understand the story better, especially when the book is not written in your native language.

Upcoming meetings:

June 2, Sun   *Kawamura's Café, Tokyo, 1:30 p.m.
　Book: **"Kokoro"** by Soseki Natsume

July 7, Sun   *Kawamura's Café, Tokyo, 3:30 p.m.
　Book: **"Great Expectations"** by Charles Dickens

August 4, Sun   *Kawamura's Café, Tokyo, 3:30 p.m.
　Book: **"Night on the Galactic Railroad (Ginga Tetsudo no Yoru)"** by Kenji Miyazawa

September 1, Sun   **Place: --- 1:30 p.m.
　Book: **"Pride and Prejudice"** by Jane Austen

*Kawamura's Café has great tea and coffee and a large variety of amazing cakes!
**Kawamura's Café will be closed on Sept.1. We will pick a place and let you know soon.

For more information, please contact us by email.

問 1　The main purpose of this notice is to find people who ⬚3⬚.

① are interested in joining the club

② live in Shibuya-Ku, Tokyo

③ speak both English and Japanese

④ want to start a new book club in Tokyo

問 2　The members are going to ⬚4⬚ the next four club meetings.

① get together at Kawamura's Café for

② get together in the afternoon for

③ talk about both English and Japanese movies during

④ talk about only Japanese books during

問 3　Kawamura's Café ⬚5⬚.

① is looking for a place to open a new shop

② sells a variety of books

③ will be closed until September 1

④ will not be the place for the fourth meeting

A Your school is having a cultural festival next month. Your class has decided to design original T-shirts for the event. To design them and have them printed, you found an online service that looks good.

Design Your Original T-shirts!
It's fast and easy! High quality, low prices, and quick delivery guaranteed!

Step 1: Choose your base shirts
1. **Shirt type:**　Regular T-shirt | Tank-Top shirt
2. **Color:**　click to select
3. **Size:**　S ×0 | M ×0 | L ×0 | XL ×0 | 2XL ×0 | 3XL ×0 |

Step 2: Design your T-shirts with our easy online tools
1. **Front design**
2. **Back design**
3. **Sleeve design** (optional: an extra fee of $5.00 applies)

Step 3: Choose shipping options
1. **Regular Delivery:**　3 to 4 weeks. Free.
2. **Rush Delivery:**　2 to 3 days. $2.00 per shirt.
(It takes 2 to 3 days to have your order ready to ship.)

Customer Ratings and Reviews:
Johnathan K.　2 weeks ago　★★★★★

This online service is simply great! The design tools are very easy to use, the quality of the T-shirts is excellent, and I got the shirts to look exactly the way I wanted. The prices are low compared to other similar services, and they delivered my order three days earlier than the promised date.

Rachel S.　3 weeks ago　★★★★★

I like this online service very much, and I have used it so many times. I am a professional designer and what I like most about this service is its excellent customer service. Whenever I have questions or special requests, they are always very helpful. I would recommend this online T-shirt service to anyone looking to design original T-shirts!

問1 This website is especially useful if you want to 6 .

① buy high-quality T-shirts
② sell inexpensive T-shirts
③ take lessons on designing original T-shirts
④ wear original T-shirts one month later

問2 To make sure the T-shirts arrive in time for the cultural festival using normal delivery, you must order your T-shirts at least 7 .

① a week in advance
② four and a half weeks in advance
③ four weeks in advance
④ three and a half weeks in advance

問3 Someone who has no experience in designing T-shirts may use this service because 8 .

① help from a professional designer is available
② its customer service will design T-shirts for the person
③ the T-shirts are high quality
④ there are easy-to-use online design tools

問4 On the website, one **fact** (not an opinion) about this online service is that 9 .

① everyone will have a great experience
② the service is really fast and easy
③ there are several packaging options
④ you can choose the sizes of your T-shirts

問5 On the website, one **opinion** (not a fact) about this online service is that 10 .

① a person used this service repeatedly
② high school students will love this service
③ the customer service is very helpful
④ you can only design the front part of the T-shirts

B Your English teacher gave you an article to help you prepare for the debate in the next class. A part of this article with one of the comments is shown below.

Japan's Population Is Getting Smaller and Older

By Paul Brown, Tokyo
12 JUNE 2019 11:21 AM

A Japanese government survey showed the number of newborn babies in Japan dropped again last year and hit the lowest mark ever recorded. Japan's population keeps declining and aging despite the government's efforts.

A government official said, "The number of newborns must increase, and the population must grow accordingly." An aging population means a decrease in the number of young people who can work and an increase in the number of elderly people who need care. "It is clear that we need a larger workforce to grow economically, and only economic growth can generate enough tax money to take care of the increasing elderly population," he argued.

However, some people think differently. A professor in population studies says, "The decreasing population is both natural and healthy." She believes Japan's population is already too large and its economic activity is damaging the environment. She continues, "If the population drops to a proper level, something good will happen. Each person will have a bigger share of what nature provides—land, animals, fish, forests, etc. Then, our lives will be a lot easier."

---

14 Comments

Newest

Yuichi Inoue   13 JUNE 2019 9:05 PM

I live in a small town in western Japan. The population of our town is decreasing and aging. There is plenty of nature but our lives are not any better. I prefer to live in a younger, bigger, and more active society. This should be the same for everyone in our country.

問1 According to the survey by the Japanese government, the population of Japan is ⬚ 11 ⬚.

① decreasing and getting older although the government is trying to stop the trend
② decreasing and getting older as planned
③ increasing and getting older although the government is trying to stop the trend
④ increasing and getting older as planned

問2 Your team will support the debate topic, "Japan's population should grow." In this article, one **opinion** (not a fact) helpful for your team is that ⬚ 12 ⬚.

① a decreasing population may lead to a major economic crisis
② a growing population can generate enough tax money
③ it is necessary to have a bigger population to live happily
④ the number of newborn babies last year was lower than that of the previous year

問3 The other team will oppose the debate topic. In this article, one **opinion** (not a fact) helpful for that team is that ⬚ 13 ⬚.

① some experts in population studies have addressed Japan's shrinking population
② Japan's population is too large and causes environmental damage
③ the government preserves nature for the sake of our future generations
④ the government should actively maintain the current population

問4 In the first paragraph of the article, "hit the lowest mark" means ⬚ 14 ⬚.

① "became very steady"   ② "disappointed everyone"
③ "excited young people"   ④ "reached the smallest number"

問5 According to his comment, Yuichi Inoue ⬚ 15 ⬚ the current population trend in Japan as stated in the article.

① does not welcome   ② has no particular opinion about
③ partly welcomes   ④ strongly welcomes

A You found the following story in a blog written by a male Japanese foreign exchange high school student in New Zealand.

Cliff Jumping
Wednesday, August 14

　Today, my host brother Brad and I went to a lake for cliff jumping. There is a place where you can jump off a cliff and dive into the water below. We drove for about two hours and arrived at the spot. There were already five people at the cliff.

　We got off the car, excited, and walked to the edge and looked down. The cliff was about 15 meters high, and I would be jumping off soon. I was frozen with fear. But, Brad had no problem. He changed clothes and started running. He dove head-first into the water!

　After a while, my turn came. I tried not to look down, but I was still so scared I just couldn't make the jump. Then suddenly, a 12-year-old girl came and jumped off the cliff with no hesitation! Now I had to do it. Everybody was looking at me, and Brad was holding his smartphone as a camera. I held my breath, and jumped! It felt like time had stopped. Then suddenly I found myself in deep clear water. I slowly swam up to the surface.

　I came back alive and felt more alive than ever. I am a stronger man now.

問 1　On that day, 　16　.

　　① a girl explained how to jump to the writer
　　② Brad did not make any jumps but took pictures instead
　　③ the writer made a jump while people were watching him
　　④ there was nobody at the cliff when the writer arrived

問 2　You learned that the writer of this blog 　17　.

　　① had trouble making a jump because he could not swim
　　② made his jump with his hands up in the air
　　③ regretted taking such a high risk for nothing
　　④ was not excited about the idea of cliff jumping from the beginning

▶▶ 解 答 本冊 P.113

B You found the following story in a study abroad magazine.

An English Pub

Jane Summers (English Language Teacher)

Eating with friends in a pub or restaurant should be a fun experience. However, there are sometimes cultural differences that make eating out in a foreign country a little more difficult.

Emiko, a Japanese university student who came to study at our language school last summer, told me about a funny experience she had at an English pub. One afternoon, Emiko and her Korean classmates decided to visit a traditional English pub for lunch. They had never been to an English pub before so they were afraid that they would behave incorrectly. When they entered the pub, they waited by the door for a waiter to take them to a table but no waiter appeared. Emiko felt angry at the poor service. They decided to sit down at a table. They looked at the menu and waited for a waiter to take their order. However, nobody came to their table. Emiko and her friends felt very irritated. Emiko told her friends that in Japan, customers shout "Sumimasen!" when they want to order, so she tried shouting "Excuse me!" in a loud voice. All the people in the pub stopped talking and looked at Emiko. Her face suddenly turned red and she felt like rushing out of the pub.

Just then, a member of staff came to their table. He explained that in an English pub, the customers have to order at the bar counter. There is no waiter service. Customers also have to pay when they order, instead of paying after they eat. Emiko and her friends apologized to the man and ordered their food.

I laughed when Emiko told me her story but then she said that she began to feel confident not only when just speaking English but also when ordering food in pubs and restaurants. I learned from her story that in a foreign country, understanding the culture is as important as understanding the language.

問 1 According to the story, Emiko's feelings changed in the following order: 18 .

① afraid → angry → annoyed → ashamed → confident
② afraid → angry → ashamed → confident → annoyed
③ afraid → angry → confident → annoyed → ashamed
④ afraid → annoyed → ashamed → angry → confident
⑤ afraid → annoyed → confident → ashamed → angry
⑥ afraid → ashamed → confident → annoyed → angry

問 2 Shouting "excuse me" in a traditional English pub is not effective because 19 .

① a waiter will always come to the table
② customers must pay when they finish eating
③ English pubs do not employ waiters
④ the other customers will stop talking

問 3 From this story, you learned that Emiko 20 .

① gained cultural understanding and confidence in her language skills
② made many new friends from foreign countries
③ taught her classmates how to pay in a Japanese restaurant
④ visited a pub by herself and enjoyed the food

▶▶ 解答 本冊 P.116

You are doing research on modern shopping habits. You found these two articles.

Modern Shopping Habits

by George Harris

January 2019

The way we shop is always changing. The supermarket, for example, only started to become common in the 1950s. Until then, people had to shop every day, and visit different stores to buy different kinds of food. These days, people tend to drive to the supermarket and buy food once a week or even once a month.

Of course, the biggest change is that we can now buy food, clothes and other items online instead of shopping in physical stores. According to a UK government survey, in 2007, only around 3% of all shopping was done online. However, by 2018, the figure had risen to 18%. Not only younger shoppers but older ones as well are shopping online. This trend seems likely to continue.

Online shopping is increasing in all sectors. The graph shows the percentage of sales completed online in a variety of different categories. While food, drinks and cosmetics are still mostly bought in physical shops, around a third of office supplies and electronics were bought online in 2016. Around a quarter of book and CD sales were completed online in the same year.

In my opinion, online shopping will continue to increase in popularity. Shopping online is convenient and often cheaper than buying goods in stores. When I buy food or clothes online, I can pay by credit card and my items are delivered to my home the next day. In the 21st century, for a business to be successful, it must provide a way for its customers to shop online. This is the shopping style of the future.

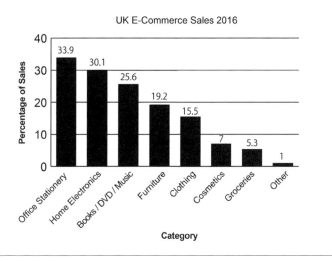

UK E-Commerce Sales 2016

Percentage of Sales (y-axis), Category (x-axis)

Office Stationery: 33.9
Home Electronics: 30.1
Books / DVD / Music: 25.6
Furniture: 19.2
Clothing: 15.5
Cosmetics: 7
Groceries: 5.3
Other: 1

Opinion on "Modern Shopping Habits"

by Emily Millen

The trend for people to shop online instead of shopping in stores has had a major effect on my business. Visitors to my store are decreasing every year and my profits have also gone down. According to the graph in George Harris's article, online shopping now accounts for about one fourth of sales in my sector. I also believe this figure will continue to rise.

Although shopping online is convenient and often cheaper, it leads to many small businesses closing down. My town had five bookstores in 2010, but now there is only one. It is not only bookstores that cannot afford to continue. Stores selling CDs, toys, clothes and stationery have also been affected. When stores close down, staff lose their jobs and customers lose the opportunity to see and touch real items before they buy. Many elderly people are still not used to shopping online, so physical stores are important for those members of the community. Stores also provide an opportunity for human interaction and communication.

I believe we must protect our stores. If the online shopping trend continues, our towns will become empty, people will lose their jobs, and customers will lose choice and the chance to interact with other people.

問1　Neither George Harris nor the business owner mentions ☐21☐.

① problems associated with using a credit card to buy online
② the convenience of shopping online
③ the difference in online shopping by age group
④ the impact of online shopping on local businesses

問2　The business owner probably sells ☐22☐.

① books
② clothes
③ stationery
④ toys

問3　According to the articles, shopping online is good for customers because ☐23☐. (Choose the set of correct answers.)

A　it can be less expensive than shopping in stores
B　it provides a chance to communicate online
C　purchases can be delivered directly to your door
D　there are more choices

① A, B　　② A, C　　③ A, D
④ B, C　　⑤ B, D　　⑥ C, D

問4　George Harris states that ☐24☐, and the business owner states that ☐25☐. (Choose a different option for each box.)

① businesses must adapt to modern shopping trends
② elderly people must learn to adapt to future shopping trends
③ modern shopping trends have negative effects on towns and communities
④ online shopping is useful for human interaction and communication
⑤ physical stores are no longer important for the community

76

問5 Based on the information from both articles, you are going to write a report for homework. The best title for your report would be " 26 ."

① A Guide to Cheaper Shopping Online
② How Modern Shopping Trends Change our Communities
③ Shopping Online is Becoming Popular in All Age Groups
④ The Many Benefits of Online Shopping

Your group is preparing a poster presentation entitled "How Listening to Music Has Changed Over Time," using information from the magazine article below.

Playing Music — Then and Now

These days, many of us listen to music through our smartphones or digital music players and we can download or stream music whenever we like over the Internet. Most of us have thousands of songs saved to our devices. However, listening to recorded music has not always been this convenient. It is only in the last ten years that downloading music from the Internet has been possible. In fact, it is only around 140 years ago that the first device able to both record and play back music was invented. The man who first created that device was the American inventor, Thomas Edison.

The device he invented was called the "phonograph" and was first produced in 1877. The phonograph worked by recording sound as grooves on a rotating tube. To play back the music, a needle called a "stylus" was made to vibrate by being run over the grooves in the foil. However, the sound quality of the first phonograph was very poor. Its design was improved in the 1880s by the German inventor, Emile Berliner, who used a flat record made of glass instead of a tube to record and play sound. His device became known as the "gramophone."

The gramophone and records continued to evolve. Instead of using glass, manufacturers began using rubber, then different types of plastic, to produce records on a large scale. Vinyl became the main material for records in the 1950s. Although vinyl records are still in use today, the next major change in how we listened to music was the development of the compact cassette tape in the late 1960s. The cassette used magnetic tape for audio recording and playback, and was double-sided, so a great deal of music could be stored on one cassette. At first, cassettes were played on large devices called "tape decks," but in 1979, a portable music player called the "WALKMAN" was released by Sony. Thanks to the WALKMAN, people were able to take their music with them wherever they went.

The peak of the cassette's popularity was the 1980s. Around the same

---

time, the compact disc (CD) was being developed. The CD was developed by both Sony and Philips, and was the first format to store music digitally. The advantages of the CD over the cassette included better sound quality, increased storage and the ability to skip to the listener's chosen track. The first CD players cost over $1,000 but soon became more affordable. By 1992, CD sales had overtaken cassette sales worldwide.

In the late 1990s, the first portable MP3 players were released by various electronics brands. These music players were tiny compared to the Sony WALKMAN and for the first time, people could store more than one album. However, it was the launch of Apple's first iPod in 2001 that revolutionized portable music players. The first iPod had 5GB of storage which was enough for around 1,000 songs. In addition, songs were available to download from the iTunes store from just $0.99, making it the cheapest way to consume new music.

Now, as we listen to music streamed or downloaded directly onto our devices, it is hard to imagine how music technology will change in the future. However, it is almost certain that the way we listen to music will continue to evolve.

How Listening to Music Has Changed Over Time
● **Changes in Technology**

Period	Events
1870s	Phonograph was invented by Thomas Edison.
1880s	27
1950s	28
1960s	29
1980s	30
2000s	31

● **About Sony**

◆ Sony launched the WALKMAN in 1979.
◆ Sony was important in the development of music technology for the following reasons: 32

● **21st Century Digital Revolution**

◆ An early iPod slogan was: 33 .
◆ The availability of digital music meant that: 34 .

問 1 Members of your group listed the developments in technology associated with listening to music. Put the developments in the boxes ⎿ 27 ⏌ ~ ⎿ 31 ⏌ in the order that they happened.

① Compact discs were developed by two major technology companies.
② Digital music first became available to buy online.
③ Double-sided magnetic cassette tapes were first produced.
④ Large scale production of vinyl records began.
⑤ The first flat record was invented.

問 2 Choose the best statements to complete the sentence. (Choose the set of correct answers.) ⎿ 32 ⏌

A It beat Philips to become the first company to develop the CD.
B It developed the first digital music storage format in collaboration with Philips.
C It developed the most affordable CD players in the world.
D It was the first company to invent a portable cassette player.
E It was the first company to invent the cassette tape deck.
F It was the only company to sell compact discs.

① A, E   ② A, F   ③ B, C
④ B, D   ⑤ C, D   ⑥ D, F

問 3 Which of the following was most likely to be the advertising slogan for an early iPod product? ⎿ 33 ⏌

① 1000 songs in your pocket
② The cheapest and the best
③ The only digital music player
④ The world's first portable music player

問4 Choose the best statements to complete the sentence. (Choose the set of correct answers.) ┌ 34 ┐

    A music could be purchased online and downloaded or streamed onto devices

    B people could purchase music cheaper than ever before

    C people could store more music than ever before

    D people no longer bought records, CDs or cassettes

    E technology companies have stopped developing music players

    F the way we listen to music is unlikely to change in the future

① A, B, C   ② A, B, D   ③ A, C, F

④ B, C, E   ⑤ B, D, F   ⑥ C, D, E

A You are preparing for a group presentation about how eating habits in Japan have changed. You have found the article below.

Changes in Japanese Eating Habits

[1]　Japanese food is famous around the world for being not only delicious but also healthy. The Japanese tend to live longer and are less likely to be obese than people in other developed countries and this is probably due to the health benefits of the traditional Japanese diet. Traditional Japanese food is high in grains, vegetables, soy and fish but low in meat and dairy. Diets high in soy and fish have been linked to a lower risk of heart disease. The average American man is three times more likely to suffer a heart attack than a Japanese man. Diseases caused by high blood sugar are also much rarer in Japan than in America.

[2]　The Japanese diet has clear health benefits. However, in modern Japan, few people are taking the time to prepare and eat traditional Japanese food. According to a survey by the Japanese Ministry of Health, Labour and Welfare in 2011, consumption of meat has been rising rapidly and consumption of vegetables is falling. In 2001, Japanese adults ate an average of 74 g of meat each day but in 2011, the average was 80.7 g. On the other hand, vegetable consumption fell from 295.8 g to 277.4 g in the same period.

[3]　Another big change in the modern Japanese diet is the move away from eating white rice. In 1962, adults ate an average of 118 kg of rice per year. However, in 2016, the figure was just 54 kg per person. Young Japanese people now tend to prefer bread or noodles to rice and prefer flavored rice to plain white rice. In short, the Japanese diet is becoming more westernized.

[4]　The move toward a more Western diet started in the period of economic growth after the Second World War. The national school lunch program started serving milk and bread alongside hot dishes in schools. Many people believe this changed the tastes of the younger generation. Changes in agriculture also made meat and dairy products more available and affordable. The growth of large cities and young people moving away from rural areas have also affected the national diet.

82

Young Japanese people tend to eat out more at restaurants and rely on convenience food more than older generations. With more women working outside the home, less time is being spent preparing nutritious and balanced family meals. Fewer young people are living with older family members so knowledge of how to prepare traditional meals is being lost.

[5] The Western diet is high in calories and high in fat. This has caused the average height of the Japanese to rise but also the average weight. Currently, roughly 25% of Japanese people have a BMI of over 25 – a rise of 300% since 1962. If this figure continues to rise, Japan will start to see rates of heart disease and diabetes similar to other developed countries.

[6] The Japanese government has recognized the problem and has announced a number of policies to cut levels of obesity. Japanese companies can be punished if few employees receive health examinations. They must also provide support services for overweight staff. These policies seem to be working. However, most experts agree that the most effective way to prevent metabolic syndrome in Japan would be for everyone to move back to a traditional Japanese way of eating.

問1 According to the article, the traditional Japanese diet is considered healthy because [35].

① it includes foods that may reduce the chance of heart disease
② it includes more white rice than flavored rice
③ it includes sufficient amounts of meat and dairy products
④ rice and noodles are healthier than bread

問2　According to the article, changes to the traditional Japanese diet have meant that 　36　.

① dairy products have become more expensive
② meat and bread consumption has increased rapidly
③ people are starting to eat more meat and vegetables
④ rice, noodle and bread consumption is rising

問3　In paragraph [5] , the author mentions the change in BMI in order to give an example of 　37　.

① a benefit of the modern Japanese diet
② a negative effect of the modern Japanese diet
③ a possible reason why the average height of Japanese people has increased
④ a problem with the traditional Japanese way of eating

問4　Which of the following statements best summarizes the article? 　38　

① Diseases are rising due to the decrease in rice consumption in Japan.
② Japanese food is the most delicious food in the world.
③ The Japanese government is responsible for changing the way we eat.
④ The westernization of the Japanese diet is negatively affecting the nation's health.

B You are studying world ecological problems. You are going to read the following article to understand what is happening to sharks in Australia.

Australia is famous for having some of the world's most dangerous animals. One of the creatures that humans fear the most is the shark, and Australia is one of the countries with the world's most shark attacks each year. In the past 30 years, there have been over 200 recorded shark attacks on humans and 47 deaths. Most of these attacks occurred in the state of New South Wales (NSW).

How does Australia reduce the risk of shark attacks? The method most used in Australia is shark nets. Shark nets are placed underwater near beaches where humans swim and they trap sharks larger than 2 m long. These nets were first used in Australia in the 1930s after a high number of fatal shark attacks were recorded. Immediately after shark nets were introduced, the number of shark attacks on humans decreased and this decline continued until the 1960s. The sharp rise in reported shark attacks since then is thought to be due to an increase in the shark population and an increase in the popularity of watersports.

Thousands of sharks have been killed since the nets were introduced but despite their success, many campaigners oppose their use. The reason is because these large sharks are top predators and are very important to the health of the marine ecosystem. Between 1950 and 2008, over 900 white sharks and tiger sharks were killed by nets in NSW alone. A study on tiger sharks has shown that they help protect the grass seabeds by limiting the number of sea turtles. Sea turtles feed on the grass and when their population grows too large, they destroy the seabed, which is an important habitat for other marine wildlife. A similar effect can be observed on coral reefs, where tiger sharks help keep the reef ecosystem in balance by eating fish that damage coral and marine plants fish. Sharks also keep other marine animal populations healthy by eating old or sick animals. This keeps disease under control and keeps the gene pool healthy. Another problem with nets is that they kill not only sharks but also other large marine animals. In NSW, 15,000 other marine animals, including dolphins and sea turtles, were killed between 1950 and 2008.

It is easy to understand why humans fear sharks but without sharks ocean ecosystem would collapse. The extinction of any shark species will cause a chain reaction, affecting all the other wildlife in the ecosystem. The government in NSW has finally recognized the importance of preserving the shark populations and is starting to experiment with other methods of shark control. In recent years, drones have been used to observe sharks near beaches and social media has been used to warn swimmers to leave the water. Scientists have also suggested using sound technology to keep large sharks away from beaches. In conclusion, humans must find a way to exist peacefully with sharks. If we continue to kill sharks, the delicately balanced ocean ecosystems such as coral reefs could be lost forever.

問1 A decrease in the tiger shark population is likely to cause ⬛39⬛ .

① a decrease in herbivorous fish, which is good for coral reefs
② a decrease in the number of old or sick animals, which is bad for the marine ecosystem
③ an increase in the number of sea turtles, which is bad for the grass seabeds
④ an increase in the number of white sharks, which is bad for humans

問2 Out of the following four graphs, which shows the number of shark attacks in Australia? 40

①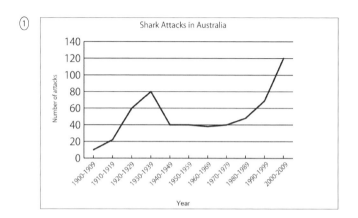

②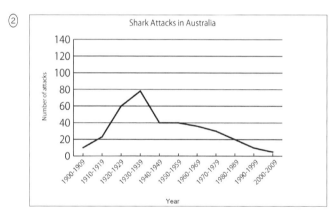

③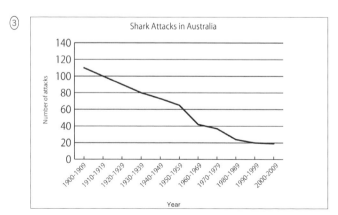

④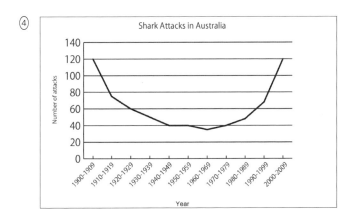

問3 According to the article, which two of the following methods are currently being tested by the New South Wales government? (**Choose two options**. The order does not matter.) ⬜41⬜ · ⬜42⬜

① Catching sharks using larger nets and setting them free.
② Informing beach-users of danger via Internet media platforms.
③ Killing more dangerous sharks that swim close to beaches.
④ Observing beach areas from above to check the location of large sharks.
⑤ Using sound technology to keep sharks away from beaches.

問4 The best title for this article is ⬜43⬜.

① Killing Sharks Causes Environmental Harm
② Ocean Conservation Around the World
③ The Importance of Removing Predators from Our Oceans
④ Why Australia Must Begin Shark Control

重要語句の確認テスト

問題英文中に出てくる重要語句を品詞別にまとめてあります。英語の意味を空白部分に書き，ページ下の「答」で正解を確認しましょう。覚えていないものはもう一度英文に戻って意味を確認しましょう。（　）内の数字は語句を含む英文が掲載されている別冊のページ番号です。**例** 10-1「10 ページの第 1 段落」

動詞

1 accompany
　(6-1)

2 instruct
　(6-1)

3 collect
　(10)

4 expect
　(10)

5 note
　(10)

6 estimate
　(12)

7 fit
　(12)

8 last
　(12)

9 stay
　(12)

10 promote
　(14-1)

11 reduce
　(14-2)

12 accept
　(14-コメント)

13 mention
　(18-3)

14 decline
　(18-コメント)

15 invite
　(22-2)

16 apologize
　(22-3)

17 mind
　(26-3)

18 respond
　(26-3)

19 prevent
　(28-1)

20 limit
　(29-4)

21 notice
　(29-英文2-1)

22 foster
　(33-英文2-2)

23 follow
　(36-2)

24 contain
　(36-3)

25 observe
　(36-4)

26 argue
　(37-5)

27 organize
　(37-5)

28 adopt
　(40-3)

答 **動詞** 1 ～と一緒に行く／2 ～に教える／3 ～を集める／4 ～を期待する／5 ～に注意[注目]する／6 ～を推定する／7 ぴったり合う／8 長持ちする／9 ～のままでいる[ある]／10 ～を促進する／11 ～を減らす／12 ～を受け入れる／13 ～であると述べる／14 衰える／15 ～を招待する／16 謝る／17 いやがる／18 反応する／19 ～を防ぐ／20 ～を制限する／21 ～に気づく／22 ～を促進する／23 ～に従う／24 ～を含む／25 ～を観察する／26 ～と主張する／27 ～を整理する／28 ～を採用する

29	appreciate (41-4)	7	dormitory (12)
30	expand (41-5)	8	feature (12)
31	monitor (41-5)	9	storage (12)
32	operate (45-4)	10	labor[labour] (14-2)
33	prompt (48-2)	11	shortage (14-2)
34	miss (49-5)	12	chaos (14-3)
35	affect (49-6)	13	concern (14-3)
36	escape (52-2)	14	supply (14-3)
37	harm (52-2)	15	option (14-コメント)
38	store (52-2)	16	suburb (14-コメント)
39	guarantee (66)	17	refund (16)
40	generate (68-2)	18	factor (18-1)
41	irritate (72-2)	19	survey (18-1)
42	vibrate (78-2)	20	trend (18-2)
43	collapse (87-4)	21	method (20-2)

名詞

1	location (6-スケジュール)	22	mayor (22-2)
		23	meal (22-2)
2	fee (10)	24	coworker (26-1)
3	greeting (10)	25	engagement (26-1)
4	material (10)	26	gain (28-1)
5	review (10)	27	concentration (29-英文2-1)
6	translation (10)	28	benefit (29-英文2-2)
		29	farming (32-1)

答 29 ～をありがたく思う／30 拡大する／31 ～をチェックする／32 稼働する／33 ～を促す／34 ～を見逃す／35 ～に影響を及ぼす／36 逃げる／37 ～を傷つける／38 ～を蓄える／39 ～を保証する／40 ～を生み出す／41 ～をいらいらさせる／42 震動する／43 崩壊する

名詞 1 場所／2 料金／3 あいさつ／4 資料／5 復習／6 訳／7 寮／8 特徴／9 収容力, 保存量／10 労働(力)／11 不足／12 大混乱／13 懸念／14 供給／15 選択肢／16 郊外／17 返金／18 要因, 要素／19 意識調査／20 傾向／21 方法／22 町[市・区]長／23 食事／24 同僚／25 婚約／26 増加／27 集中力／28 利点／29 農業

30	ingredient (33-英文2-3)	53	wage (44-2)
31	ancestor (36-1)	54	voter (44-3)
32	biologist (36-1)	55	majority (45-3)
33	creature (36-1)	56	earnings (45-5)
34	evolution (36-1)	57	aspect (48-1)
35	origin (36-1)	58	psychologist (48-1)
36	species (36-1)	59	appointment (48-3)
37	theory (36-1)	60	disability (48-3)
38	evidence (36-3)	61	emergency (48-3)
39	expedition (36-3)	62	resource (52-2)
40	fossil (36-3)	63	mammal (53-3)
41	wildlife (36-3)	64	predator (53-3)
42	thinker (37-5)	65	membership (56-3)
43	invention (40-1)	66	profit (56-3)
44	popularity (41-4)	67	revenue (56-3)
45	division (41-5)	68	container (56-4)
46	innovation (41-5)	69	prejudice (64)
47	immigration (44)	70	base (66)
48	birthrate (44-1)	71	sleeve (66)
49	crisis (44-1)	72	hesitation (70-3)
50	recruitment (44-1)	73	habit (74)
51	manufacturing (44-2)	74	sector (74-3)
52	opponent (44-2)	75	interaction (75-英文2-2)

答 30 材料／31 祖先／32 生物学者／33 生き物／34 進化／35 起源／36 種／37 理論／38 証拠／39 遠征／40 化石／41 野生生物／42 思想家／43 発明／44 人気／45 部門／46 革新／47 移民(者数)／48 出生率／49 危機／50 求人／51 製造業／52 反対者／53 賃金／54 有権者／55 大多数／56 所得／57 側面／58 心理学者／59 予約／60 障害／61 緊急(時)／62 資源／63 哺乳動物／64 捕食動物／65 会員／66 もうけ／67 収益／68 容器／69 先入観,偏見／70 基本／71 袖／72 ためらい／73 習慣／74 部門／75 交流

76 device (78-1)	10 complicated (22-1)
77 peak (78-4)	11 embarrassed (22-3)
78 dairy (82-1)	12 puzzled (22-3)
79 diet (82-1)	13 appropriate (26-4)
80 grain (82-1)	14 emotional (28-1)
81 soy (82-1)	15 mental (28-1)
82 consumption (82-2)	16 physical (28-1)
83 ministry (82-2)	17 uncommon (29-4)
84 welfare (82-2)	18 valuable (29-英文2-3)
85 obesity (83-6)	19 dense (32-3)
86 ecosystem (86-3)	20 medium (32-3)
87 habitat (86-3)	21 efficient (33-英文2-2)

形容詞

1 prior (10)	22 living (36-1)
2 previous (12)	23 revolutionary (36-1)
3 borderless (14-2)	24 neighboring (36-3)
4 financial (14-3)	25 unique (36-3)
5 stable (14-3)	26 aging (44-1)
6 minimum (16)	27 shrinking (44-1)
7 productive (18-3)	28 unskilled (44-3)
8 ultimate (18-3)	29 temporary (45-5)
9 ordinary (20-2)	30 obvious (48-3)
	31 extinct (52-2)
	32 wealthy (52-2)

答 76 装置／77 頂点／78 乳製品／79 食事／80 穀物／81 大豆／82 消費(量)／83 省／84 福祉／85 肥満／86 生態系／87 生息場所

形容詞 1 前もっての／2 以前の／3 境界のない／4 金銭的な／5 安定した／6 最小限の／7 生産的な／8 究極の／9 普通の／10 複雑な／11 恥ずかしい／12 当惑した／13 適切な／14 感情の／15 精神の／16 身体の／17 一般的でない／18 価値のある／19 密集した／20 中くらいの／21 能率的な／22 生きている／23 革命的な／24 隣の／25 独特の／26 高齢化が進む／27 減少している／28 未熟練の／29 一時的な／30 明らかな／31 絶滅した／32 裕福な

33	cruel (52-3)	6	simply (26-3)

33 cruel (52-3)

34 ineffective (52-3)

35 potential (52-3)

36 multiple (57-4)

37 galactic (64)

38 proper (68-3)

39 scared (70-3)

40 confident (72-4)

41 flat (78-2)

42 portable (78-3)

43 tiny (79-5)

44 westernized (82-3)

45 balanced (83-4)

46 nutritious (83-4)

47 fatal (86-2)

48 marine (86-3)

[副詞]

1 typically (10)

2 efficiently (14-2)

3 unfortunately (14-コメント)

4 pretty (20-2)

5 literally (24)

6 simply (26-3)

7 respectively (29-3)

8 relatively (40-1)

9 initially (41-5)

10 steadily (53-3)

11 individually (57-4)

12 delicately (87-4)

[熟語・表現]

1 a variety of ～ (6-1)

2 apply for ～ (6-2)

3 care about ～ (18)

4 end up doing (18-2)

5 contribution to ～ (18-3)

6 remind ～ of ... (18-3)

7 come across ～ (20-1)

8 turn out ～ (20-2)

9 in fact (20-4)

10 quite a few (20-4)

11 be over (22-2)

12 point at ～ (22-3)

13 in contrast (28-2)

14 encourage ～ to do (29-4)

答 33 残酷な／34 効果がない／35 可能性のある／36 多様な，多数の／37 銀河の／38 適切な／39 怖がっている／40 自信に満ちた／41 平らな／42 持ち運びのできる／43 とても小さな／44 西洋化した／45 バランスのとれた／46 栄養のある／47 致命的な／48 海の 副詞 1 一般的に／2 効率的に／3 残念なことに／4 とても，非常に／5 文字どおり／6 単に／7 それぞれ／8 比較的／9 初めは／10 着実に／11 個別に／12 微妙に 熟語・表現 1 さまざまな～／2 ～に申し込む／3 ～を気にする／4 結局は～する／5 ～への寄与[貢献]／6 ～に…を思い出させる／7 ～を偶然見つける／8 ～であることが判明する／9 実際に／10 かなり多数の／11 ～が終わる／12 ～を指さす／13 対照的に／14 ～に…するように促す

15	in contact with ～ (29-英文2-1)	34	be accustomed to ～ (48-4)
16	in general (32-2)	35	interact with ～ (48-4)
17	be hard to *do* (33-英文2-1)	36	take advantage of ～ (49-6)
18	take (the) time to *do* (33-英文2-1)	37	in comparison (52-1)
19	look up ～ (33-英文2-3)	38	think of ～ as ... (52-1)
20	evolve from ～ (36-1)	39	compete with ～ (52-1)
21	adapt to ～ (36-3)	40	take action (52-2)
22	be related to ～ (37-5)	41	along with ～ (56-1)
23	(go) on sale (37-5)	42	compared to ～ (56-1)
24	work on ～ (37-5)	43	require ～ to *do* (56-2)
25	by accident (40-3)	44	turn in ～ (62)
26	bring about ～ (41-5)	45	consist of ～ (64)
27	have trouble (in) *doing* (41-5)	46	once a month (64)
28	be predicted to *do* (44-1)	47	take turns (64)
29	rise to ～ (44-1)	48	extra fee (66)
30	result in ～ (44-2)	49	plenty of ～ (68-コメント)
31	in favor of ～ (44-3)	50	a quarter of ～ (74-3)
32	be grateful for ～ (45-4)	51	lead to ～ (75-英文2-2)
33	be beneficial to ～ (45-5)	52	in conclusion (87-4)

答 15 ～と連絡をとっている／16 一般に，～全体[全般]／17 ～するのが困難だ／18 ～するために時間を取る[割く]／19 ～を調べる／20 ～から進化する／21 ～に適応する／22 ～と関連がある／23 売りに出る／24 ～に取り組む／25 偶然に／26 ～をもたらす／27 ～するのが困難だ／28 ～すると予想されている／29 ～まで上昇する／30 結果として～になる／31 ～に賛成して／32 ～に感謝する／33 ～にとって有益な／34 ～に慣れている／35 ～と交流する／36 ～を利用する／37 それに対して／38 ～を…と考える／39 ～と競う／40 行動をおこす／41 ～と一緒に／42 ～に比べて／43 ～に…するように要求する／44 ～を提出する／45 ～から成る／46 1か月に1度／47 順番に(～)する／48 追加金金／49 たくさんの～／50 ～の4分の1／51 ～につながる／52 結論として

模試にチャレンジ　解答用紙

このページをコピーして、自分の解答をマークして記録しましょう。

第1問〜第3問

問題番号(配点)	解答番号	解答欄	配点	小計
第1問(10) A(4)	1	① ② ③ ④ ⑤ ⑥ ⑦ ⑧ ⑨	2	/4
	2	① ② ③ ④ ⑤ ⑥ ⑦ ⑧ ⑨	2	
第1問(10) B(6)	3	① ② ③ ④ ⑤ ⑥ ⑦ ⑧ ⑨	2	/6
	4	① ② ③ ④ ⑤ ⑥ ⑦ ⑧ ⑨	2	
	5	① ② ③ ④ ⑤ ⑥ ⑦ ⑧ ⑨	2	
第2問(20) A(10)	6	① ② ③ ④ ⑤ ⑥ ⑦ ⑧ ⑨	2	/10
	7	① ② ③ ④ ⑤ ⑥ ⑦ ⑧ ⑨	2	
	8	① ② ③ ④ ⑤ ⑥ ⑦ ⑧ ⑨	2	
	9	① ② ③ ④ ⑤ ⑥ ⑦ ⑧ ⑨	2	
	10	① ② ③ ④ ⑤ ⑥ ⑦ ⑧ ⑨	2	
第2問(20) B(10)	11	① ② ③ ④ ⑤ ⑥ ⑦ ⑧ ⑨	2	/10
	12	① ② ③ ④ ⑤ ⑥ ⑦ ⑧ ⑨	2	
	13	① ② ③ ④ ⑤ ⑥ ⑦ ⑧ ⑨	2	
	14	① ② ③ ④ ⑤ ⑥ ⑦ ⑧ ⑨	2	
	15	① ② ③ ④ ⑤ ⑥ ⑦ ⑧ ⑨	2	
第3問(10) A(4)	16	① ② ③ ④ ⑤ ⑥ ⑦ ⑧ ⑨	2	/4
	17	① ② ③ ④ ⑤ ⑥ ⑦ ⑧ ⑨	2	
第3問(10) B(6)	18	① ② ③ ④ ⑤ ⑥ ⑦ ⑧ ⑨	2	/6
	19	① ② ③ ④ ⑤ ⑥ ⑦ ⑧ ⑨	2	
	20	① ② ③ ④ ⑤ ⑥ ⑦ ⑧ ⑨	2	

第4問〜第6問

問題番号(配点)	解答番号	解答欄	配点	小計
第4問(16)	21	① ② ③ ④ ⑤ ⑥ ⑦ ⑧ ⑨	3	/16
	22	① ② ③ ④ ⑤ ⑥ ⑦ ⑧ ⑨	3	
	23	① ② ③ ④ ⑤ ⑥ ⑦ ⑧ ⑨	4	
	24	① ② ③ ④ ⑤ ⑥ ⑦ ⑧ ⑨	3*	
	25	① ② ③ ④ ⑤ ⑥ ⑦ ⑧ ⑨	3	
	26	① ② ③ ④ ⑤ ⑥ ⑦ ⑧ ⑨		
第5問(20)	27	① ② ③ ④ ⑤ ⑥ ⑦ ⑧ ⑨	5*	/20
	28	① ② ③ ④ ⑤ ⑥ ⑦ ⑧ ⑨		
	29	① ② ③ ④ ⑤ ⑥ ⑦ ⑧ ⑨		
	30	① ② ③ ④ ⑤ ⑥ ⑦ ⑧ ⑨	5	
	31	① ② ③ ④ ⑤ ⑥ ⑦ ⑧ ⑨	5	
	32	① ② ③ ④ ⑤ ⑥ ⑦ ⑧ ⑨	5	
	33	① ② ③ ④ ⑤ ⑥ ⑦ ⑧ ⑨		
	34	① ② ③ ④ ⑤ ⑥ ⑦ ⑧ ⑨		
第6問(24) A(12)	35	① ② ③ ④ ⑤ ⑥ ⑦ ⑧ ⑨	3	/12
	36	① ② ③ ④ ⑤ ⑥ ⑦ ⑧ ⑨	3	
	37	① ② ③ ④ ⑤ ⑥ ⑦ ⑧ ⑨	3	
	38	① ② ③ ④ ⑤ ⑥ ⑦ ⑧ ⑨	3	
第6問(24) B(12)	39	① ② ③ ④ ⑤ ⑥ ⑦ ⑧ ⑨	3	/12
	40	① ② ③ ④ ⑤ ⑥ ⑦ ⑧ ⑨	3	
	41-42	① ② ③ ④ ⑤ ⑥ ⑦ ⑧ ⑨	3*	
	43	① ② ③ ④ ⑤ ⑥ ⑦ ⑧ ⑨	3	

得点 /100

1　* は、全部正解の場合のみ点を与える。
2　- (ハイフン) でつながった正解は、順序を問わない。

学ぶ人は、
変えて
ゆく人だ。

目の前にある問題はもちろん、

人生の問いや、

社会の課題を自ら見つけ、

挑み続けるために、人は学ぶ。

「学び」で、

少しずつ世界は変えてゆける。

いつでも、どこでも、誰でも、

学ぶことができる世の中へ。

旺文社

英語［リーディング］

大学入学
共通テスト
実戦対策問題集

水野 卓 著

旺文社

はじめに

　2021年，大学入試センター試験に代わり新たに導入されることとなった「大学入学共通テスト」は単なる「センター試験に代わるもの」では決してありません。特に英語は，リーディングとリスニングの配点の比率が1：1となったことに象徴されるように，高等学校における英語指導の基本方針がこれまでの知識重視から実用能力重視へと舵を切りつつある現在の姿をそのまま具現化した試験になっています。リーディング，リスニングとも実生活に深くかかわる形式・内容の素材から出題され，いずれも短時間で圧倒的な量の解答作業が要求されるため，当然，受験生にはこうした求めに最短距離で応じられる十分な対策が必要となるわけです。

　この十分な対策の一環として，受験生のみなさんが，問題を解くことを通じて共通テストの特徴や無駄のない解答作業のプロセス，意識すべきポイント等，対策の最重要事項を十分に理解できるようにとの思いの下に誕生したのが本書です。本格的な問題演習に臨む受験生のために，問題の正しい眺め方と解答を導くための考え方や必要なプロセスが無理なく身につくよう構成されています。本書に掲載された問題を解き，解説を読むという最低限の作業を数回行ってください。たったそれだけの努力で1つひとつの設問の意図を正しく理解し，適切に対処する力が向上し，共通テストに対して「あとは実戦あるのみ」と大きな自信を手にすることができるでしょう。本書が1人でも多くの受験生の自信の源になってくれることを願っています。

　本書がすべての受験生に対して自信を持って奨められるものとなったのは，作問でご協力いただいた先生方と，英語講師としての私をここまで育ててくれたすべての生徒達のおかげにほかなりません。この場をお借りしてあらためて厚くお礼申し上げます。

水野 卓

も く じ

執筆協力：土居章次郎／株式会社シー・レップス　編集協力：株式会社シー・レップス　校正：小林 等／大河恭子／石川道子／Jason A. Chau／Nadia Mckecnie　装丁・本文デザイン：内津 剛（及川真咲デザイン事務所）　イラスト・図版：駿高泰子／株式会社シー・レップス　編集担当：須永亜希子

本書の使い方

　本書は，「大学入学共通テスト」（以下，「共通テスト」）の形式に慣れ，実戦力をつけるための問題集です。各問題の出題形式を知り，その効率的な解法を習得したうえで，仕上げとして模試で実力確認ができます。

※本書の内容は，2019年12月現在の情報に基づいています。

別冊（問題）

　本書に掲載されている問題は，すべて共通テストの傾向分析に基づいて作られたオリジナル問題です。

▶▶ 1st / 2nd Try

　「共通テスト　リーディング」で出題される**英文タイプ別の構成**です（英文のタイプについては本冊6ページ参照）。短く易しい英文から段階的に語数が増え難度も上がります。

　1st Try，2nd Try と同じ形式を2回続けて解くことで，**それぞれの英文と設問の特徴に応じた取り組み方**をつかむことができるようになっています。

▶▶ 模試にチャレンジ

　共通テストに準拠した問題1セット分で，実力を確認することができます。解答を別冊巻末の解答用紙に記録し，本冊巻末の「到達度確認チャート」に反映すれば，到達度を一目で把握することができます。到達度の低い問題は，該当する 1st / 2nd Try の問題を重点的に復習しましょう。

模試

到達度確認チャート

▶▶ 重要語句の確認テスト

　別冊巻末には，英文中の重要語句の確認テストを設けてあります。リーディングに欠かせない語句知識が身についているかどうかを確認しましょう。

本冊（解答・解説）

1st Try，2nd Try の順に，解答と英文の全訳と英文中の語句解説，そして各問いの解説を掲載しています。1st Try では，特徴的な問いに対して問いのねらいと解法のポイントを解説します。

各問いには，★1つから5つまでの5段階のレベル表示がついています。自分の解答結果と照らし合わせて参考にしてください。

よりよく解説を理解するために

「共通テスト　リーディング」において得点力を上げるためには，「正解につながる情報をいかに効率よく見つけるか」がポイントとなります。本書の解説はこの「効率のよい情報検索のしかた」を徹底して解説しています。

解説中のマークはそれぞれ次のような意味を示しています。

Keys for Search

英文中に正解を探す手がかりとなる語句のこと。各問いの設問文や選択肢中の英語から抜き出すことができる。「検索キー」とも表す。

Areas for Search

正解につながる情報を探すべき場所のこと。Keys for Search が書かれている場所を探し，その周辺に正解を求める。

Fact or Opinion?

選択肢の内容が，「事実なのか誰かの意見なのか」「正しい内容かどうか」を英文の内容に照らし合わせて判断し，選択肢を分類する方法。

Image Approach

英文中の難度の高い語句や表現に対して，前後の内容から「プラスイメージ（肯定的）」「マイナスイメージ（否定的）」を判断する方法。

In Short

英文全体を一言にまとめる，つまり要約すること。

Sketch

英文を段落ごとに要約して表すことで論の展開を大きくとらえること（"sketch" には「概略」という意味がある）。

記号一覧
動……動詞　名……名詞　形……形容詞　副……副詞　前……前置詞　熟……熟語

大学入学共通テスト 英語 リーディングの概要と特徴

　「共通テスト」は，各大学の個別試験に先立って（あるいはその代わりに）実施される，全国共通のテストです。国公立大学志望者のほぼすべて，私立大学志望者の多くが，このテストを受験することになります。

　2018 年に行われた「大学入学共通テスト　試行調査第 2 回」における「英語　リーディング」テストは，80 分で 6 つの大問を解く構成（全問マーク式の解答形式）で，以下のような特徴がありました。

▼大学入学共通テスト試行調査第 2 回　英語 リーディングの構成

大問		小問数	分野〈英文タイプ〉	語数（程度）	レベル
第 1 問	A	2	案内文・掲示文から 情報の読み取り	100〜200	易
	B	3			標準
第 2 問	A	5	説明文・記事と評価から 情報の読み取り	200〜300	易
	B	5			標準
第 3 問	A	2	日記・エッセイなどの読解	200〜300	易
	B	3			標準
第 4 問		5	論説文（資料付き）の読解	400〜500	やや難
第 5 問		4	物語・史実を記した文の読解	500〜600	やや難
第 6 問	A	4	論説文の読解	400〜500	やや難
	B	4	論説文（資料付き）読解		やや難

※問題のレベルは大学入試センター発表の CEFR レベルを置き換えたもの。A1 ＝易，A2 ＝標準，B1 ＝やや難としている。

特徴①　総語数が 5,000 語を超えるボリューム
特徴②　さまざまなタイプの英文が出題される
特徴③　英文タイプに応じた特徴的な問いが出される

　　　例　英文の内容を指示された観点で整理する：「事実か意見か」「共通か単独か」「支持か不支持か」「時系列に並べられるか」

　　　例　英文の内容を要約する

　次ページからは，際立って特徴的な問題についてどのようなスキルが問われるかを解説します。

　問題英文のタイプによって構成や内容上の特徴は変わり，問いもそれに応じたものになります。ここでは試行調査第2回の特徴的な英文について，「どんな問いが出されるか」「どんなスキルが必要か」を説明します。

▶▶ 説明文・記事とその評価コメント（第2問 A）

EASY OVEN RECIPES
Here is one of the top 10 oven-baked dishes as rated on our website.　You will find this dish healthy and satisfying.

Meat and Potato Pie
Ingredients (serves about 4)

A	1 onion	2 carrots	500g minced beef
	× 2 flour	× 1 tomato paste	× 1 Worcestershire sauce
	× 1 vegetable oil	× 2 soup stock	salt & pepper
B	3 boiled potatoes	40g butter	
C	sliced cheese		

Instructions
Step 1: Make **A**
1. Cut the vegetables into small pieces, heat the oil, and cook for 5 minutes.
2. Add the meat and cook until it changes color.
3. Add the flour and stir for 2 minutes.
4. Add the soup stock, Worcestershire sauce, and tomato paste.　Cook for about 30 minutes.
5. Season with salt and pepper.

Step 2: Make **B**
1. Meanwhile, cut the potatoes into thin slices.
2. Heat the pan and melt the butter.　Add the potatoes and cook for 3 minutes.

Step 3: Put **A**, **B**, and **C** together, and bake
1. Heat the oven to 200℃.
2. Put **A** into a baking dish, cover it with **B**, and top with **C**.
3. Bake for 10 minutes.　Serve hot.

Enjoy!

REVIEW & COMMENTS
cooking@master　*January 15, 2018 at 15:14*
This is really delicious!　Perfect on a snowy day.

Seaside Kitchen　*February 3, 2018 at 10:03*
My children love this dish.　It's not at all difficult to make, and I have made it so many times for my kids.

問4　According to the website, one **fact** (not an opinion) about this recipe is that it is ▢9▢.

① highly ranked on the website　② made for vegetarians

③ perfect for taking to parties　④ very delicious

問いのねらいは？

　英文の内容に対して，fact「事実」なのか opinion「意見」なのかを判別させることがねらいです。

問われるスキルは？

　選択肢には必ず fact と opinion の両者が含まれるため，初めに「どれが事実でどれが意見か」を確認し，設問で求められているのが事実なら事実を述べた選択肢，意見なら意見を述べた選択肢だけが正解候補となります。つまり，英文資料内からの情報検索以前に，あらかじめ事実と意見を分別する作業が求められているのです。

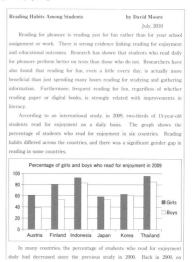

Reading Habits Among Students   by David Moore

July, 2010

Reading for pleasure is reading just for fun rather than for your school assignment or work. There is strong evidence linking reading for enjoyment and educational outcomes. Research has shown that students who read daily for pleasure perform better on tests than those who do not. Researchers have also found that reading for fun, even a little every day, is actually more beneficial than just spending many hours reading for studying and gathering information. Furthermore, frequent reading for fun, regardless of whether reading paper or digital books, is strongly related with improvements in literacy.

According to an international study, in 2009, two-thirds of 15-year-old students read for enjoyment on a daily basis. The graph shows the percentage of students who read for enjoyment in six countries. Reading habits differed across the countries, and there was a significant gender gap in reading in some countries.

Percentage of girls and boys who read for enjoyment in 2009

In many countries, the percentage of students who read for enjoyment daily had decreased since the previous study in 2000. Back in 2000, on

問4 David Moore states that students ⬚24⬚, and the librarian states that they ⬚25⬚. (Choose a different option for each box.)

① are busier than ever before

② cannot decide what books to read

③ choose similar books as their parents

④ enjoy playing with electronic devices

⑤ get useful information from TV

問5 Based on the information from both articles, you are going to write a report for homework. The best title for your report would be "⬚26⬚."

① Like It or Not, Reading Classic Novels is Important

② Make Reading for Entertainment a Part of Your Daily Life

③ Pleasure Reading is Becoming Popular in Different Countries

④ School Libraries: Great Resources for Doing School Projects average, 77% of girls and 60% of boys read for enjoyment. By 2009, these percentages had dropped to 74% and 54%, respectively.

In my opinion, many students today do not know what books they should read. They say that they have no favorite genres or series. That's why the percentage of students who read for pleasure daily has been decreasing. Parents and teachers should help students find interesting books in order to make reading for pleasure a daily routine.

Opinion on "Reading Habits Among Students"   by Y. T.

August, 2010

As a school librarian, I have worked in many different countries. I was a little sad to learn that fewer students around the world read for enjoyment daily than before. According to David Moore's article, approximately 60% of female students in my home country reported they read for enjoyment, and the gender gap is about 20%. I find this disappointing.

More students need to know the benefits of reading. As David Moore mentioned, reading for pleasure has good effects on students' academic skills. Students who regularly read many books get better scores in reading, mathematics, and logical problem solving. Also, reading for enjoyment has positive effects on students' mental health. Research has shown a strong relationship between reading for fun regularly and lower levels of stress and depression.

Regardless of these benefits, students generally do not spend enough time reading. Our daily lives are now filled with screen-based entertainment. Students spend a lot of time playing video games, using social media, and watching television. I think students should reduce their time in front of screens and should read books every day even for a short time. Forming a reading habit in childhood is said to be associated with later reading proficiency. School libraries are good places for students to find numerous resources.

問いのねらいは？

問4　2つの記事・レポートについて，論理展開と書き手の意図を把握したうえで，両者の意見を比較して共通点や相違点を整理できるかが問われます。

問5　要約問題です。ある程度の長さの文章を素早く読めるかどうかに加え，「主張の核」となる内容が正しく把握できているかが問われます。

問われるスキルは？

問4　すべての選択肢を把握したうえで，文章全体を一気に検索するシンプルな解答作業になりますが，スピードがポイントになります。「読んだときの記憶」が作業の効率を大きく左右することになるため，文章展開を意識して読み進める力に磨きをかける必要があります。

問5　要約問題では，全体を一気にまとめるのではなく，まず各パラグラフの中心となる内容を把握し，次にそれらをつなぎ合わせたものをさらに短く圧縮する，というプロセスが必要です。細部を捨てて全体の流れを一言で表現するスキルを身につける必要があります。

Benjamin Day, a printer from New England, changed American journalism forever when he started a New York City newspaper, *The Sun*. Benjamin Day was born in Springfield, Massachusetts, on April 10, 1810. He worked for a printer as a teenager, and at the age of 20 he began working in print shops and newspaper offices in New York. In 1831, when he had saved enough money, he started his own printing business, which began to struggle when the city was hit by a cholera epidemic the following year. In an attempt to prevent his business from going under, Day decided to start a newspaper.

In 1833, there were 650 weekly and 65 daily American newspapers, with average sales of around 1,200. Although there were cheap newspapers in other parts of the country, in New York a newspaper usually cost as much as six cents. Day believed that many working-class people were able to read newspapers, but chose not to buy them because they did not address their interests and were too expensive. On September 3, 1833, Day launched *The Sun* with a copy costing just one cent. The introduction of the "penny press," as cheap newspapers became known, was an important milestone in American journalism history.

Day's newspaper articles were different from those of other newspapers at the time. Instead of reporting on politics and reviews of books or the theater, *The Sun* focused on people's everyday lives. It was the first newspaper to report personal events and crimes. It led to a paradigm shift in American journalism, with newspapers becoming an important part of the community and the lives of the readers. Day also came up with another novel idea: newsboys selling the newspaper on street corners. People wouldn't even have to step into a shop to buy a paper.

The combination of a newspaper that was cheap as well as being easily available was successful, and soon Day was making a good living publishing *The Sun*. Within six months, *The Sun*'s circulation reached 5,000, and after a year, it had risen to 10,000. By 1835, sales of *The Sun* had reached 19,000, more than any of the other daily papers at that time. Over the next few years,

問1 Members of your group listed important events in Day's life. Put the events into the boxes ☐ 27 ☐ ～ ☐ 31 ☐ in the order that they happened.

① Day created other publications

② Day established a printing company

③ Day gained experience as a printer in his local area

④ Day started a newspaper business

⑤ Day's business was threatened by a deadly disease

about a dozen new penny papers were established, beginning a new era of newspaper competition. The success of *The Sun* encouraged other journalists to publish newspapers at a lower price. By the time of the Civil War, the standard price of a New York City newspaper had fallen to just two cents.

Despite his success, after about five years of operating *The Sun*, Day lost interest in the daily work of publishing a newspaper. In 1838, he sold *The Sun* to his brother-in-law, Moses Yale Beach, for $40,000, and the newspaper continued to publish for many years. After selling the paper, Day moved into other business areas, including the publication of magazines, but by the 1860s he was basically retired. He lived quietly until his death on December 21, 1889. Although he had been involved in the American newspaper business for a relatively short time, Day is remembered as a revolutionary figure who showed that newspapers could appeal to a mass audience.

The Person Who Revolutionized American Journalism

■ The Life of Benjamin Day

Period	Events
1810s	Day spent his childhood in Springfield
1820s	27
1830s and beyond	28 ↓ 29 ↓ 30 ↓ 31

Benjamin Day

■ About *The Sun*

▶ Day launched *The Sun* on September 3, 1833.
▶ This newspaper was highly successful for the following reasons: 32

■ A Shift in U.S. Journalism: A New Model

▶ The motto of *The Sun* was " 33 ."
▶ *The Sun* changed American journalism and society in a number of ways: 34

　全体にわたって話がどう展開するかを具体的にとらえさせる問題です。漠然とした印象に流されず，根拠となる記述部分を正しく把握したうえで，展開を追う読み方が身についているかが問われます。

　話の展開を追うためには，1つひとつの出来事を把握するだけではなく，「出発点となる出来事」「最初の変化」「第2の変化」……と各々の出来事について before と after を，文章をなぞりながら確認する作業が必要になります。この読み取り作業をどれだけ素早くできるかがカギとなるため，十分なトレーニングが必要になります。

共通テストの特徴に応じたリーディングのスキルとは

最も重要なのは，圧倒的な文章量に対する対策です。つまり，

・集中力を切らさずに
・一定の速さで
・難しい語句や文構造があっても前後の内容をつなげて

最後まで読み切ることのできる，「リーディングのスタミナ」を鍛えることが大切です。

論説文や物語に加え，ホームページなどの各種資料が読解素材として加わり，他の試験では目にする機会がないような設問が含まれますが，テスト対策の初期段階では特別に意識する必要はありません。すべては十分なリーディングのスタミナがあってこその話になります。

▶▶ 速読力をつけるには？ ────────────

英文を速く読めるようになるには，「速く読む訓練」が必要です。共通テストはハードルがかなり高めに設定されており，1分あたり最低90語（できれば120語）を読み進める力が求められています。90語というのはごく普通の英文テキストでは6〜8行に当たりますので，この行数を意識しつつトレーニングするとよいでしょう。ただし，いたずらに読む速度のみを求めるのではなく，まずは1分6行の速度で正しく内容を把握するトレーニングから始めるようにしましょう。

▶▶ 情報検索力をつけるには？ ────────────

問題演習を繰り返すことにより形式に慣れることがいちばんの解決策ですが，「問題のねらいを理解する」ことも重要な要素の1つです。問題には決まった形式があり，文章の構成や展開のしかた，また各設問の設計には共通点が多くあります。こうした共通点を本書で把握することによって，効率のよい読み方・解き方が身についていきます。

むやみやたらな問題演習におちいることがないよう，正しい視点に支えられた解答作業のプロセスを本書で習得しましょう。

1st/2nd Tryの
解答と解説

解説中のマークについて

Keys for Search

英文中に正解を探す手がかりとなる語句のこと。各問いの設問文や選択肢中の英語から抜き出すことができる。「検索キー」とも表す。

Areas for Search

正解につながる情報を探すべき場所のこと。Keys for Search が書かれている場所を探し，その周辺に正解を求める。

Fact or Opinion?

選択肢の内容が，「事実なのか誰かの意見なのか」「正しい内容かどうか」を英文の内容に照らし合わせて判断し，選択肢を分類する方法。

Image Approach

英文中の難度の高い語句や表現に対して，前後の内容から「プラスイメージ（肯定的）」「マイナスイメージ（否定的）」を判断する方法。

In Short

英文全体を一言にまとめる，つまり要約すること。

Sketch

英文を段落ごとに要約して表すことで論の展開を大きくとらえること（"sketch" には「概略」という意味がある）。

案内文・掲示文

1st

▶▶ 問題 別冊 P.4

解答

A

問1	1	④
問2	2	①

英文の訳

あなたはチェスクラブのメンバーです。クラブは毎週土曜日の午後2時に，普段はユニバーシティセンターに集まります。クラブの会長であるジェフからメールが届きました。

チェスクラブメンバーのみなさんへ，

ユニバーシティセンターが今週末メンテナンスのために閉鎖されるそうです。従って，今週の土曜日，クラブはユニバーシティセンターではなく，カフェ・モーツァルトに集まることとします。また，クラブが始まる前に，ユニバーシティセンターからカフェ・モーツァルトにチェスの道具を運んでくれる人が数名必要になります。お手伝いくださるようでしたら，午後1時30分頃，クラブのロッカー前で待ち合わせをお願いします。私が鍵を持ってそこにいます。

カフェ・モーツァルトは素敵な場所ですし，コーヒーもとてもおいしいです。ぜひお友だちを誘って，ご一緒にどうぞ。コーヒー代金，最初の1杯分はクラブが持ちますとお伝えください！

では。
ジェフ

語句

president	名 (クラブなどの)会長		volunteer	名 ボランティア
close	動 ～を閉じる		help out	熟 手を貸す
maintenance	名 メンテナンス		excellent	形 すばらしい
meet	動 集まる		be on 人	熟 (人)が支払いを負担する
instead of ～	熟 ～の代わりに，～ではなく			

問1　★☆☆☆☆

訳　ジェフは　1　を伝えたいと思っている。

① 次回のクラブの集まりに出席するにはお金がいくらかかるか

② 次回のクラブの集まりにあなたが持ってくる必要があるもの

③ 次回のクラブの集まりがいつあるか

④ 次回のクラブの集まりがどこであるか

📎 問いのねらい　**必要な情報を探すことができるか**

解法のポイント

設問文，選択肢から探すべき情報につながる言葉を「検索キー」として設定し，本文中から検索する。どの言葉を検索キーに設定するかが解法のカギとなる。

☞「検索キー」設定の基本パターン

■設問文から設定する

（例）○○は　　　と東京駅に買い物に行きたいと思っている。

　☞「東京駅」を英文中から検索し該当箇所の周辺から正解情報を特定する。

■選択肢から設定する

（例）① Mary　② Emily　③ Catharine　④ Rebecca

　☞４つすべてを検索キーとする。本文中にこれらが現れる度に，周囲の内容を確認し，正解情報を特定する。

解説

Keys for Search はどこから設定すればいいか？

検索キーは選択肢から設定する。ただし，①の「金額」，②の「持ち物」，③の「いつ」，④の「どこで」よりも，すべての選択肢に共通して現れる **the next club meeting** を探すほうが，圧倒的に効率がいい。本文中に the next club meeting があれば，間違いなくその周囲に正解情報が現れる。

Keys for Search は「言葉そのもの」ではなく「内容」で検索。

本文第2文に this Saturday, the club will meet とあり，これがつまり the next club meeting のことである。続いて at Café Mozart instead of the University Center と、場所の変更を示す内容がきていることから、このメールはジェフがこのことを知らせるために出したものであることがわかる。正解は④。

問2　★☆☆☆☆

訳　ジェフはまた，ユニバーシティセンターからカフェ・モーツァルトにチェスの道具を運ぶために　2　に手伝ってもらいたいと思っている。

① チェスクラブのメンバー数名
② チェスクラブのメンバー数人とその友人
③ ユニバーシティセンターのメンバー全員
④ カフェ・モーツァルトのスタッフ

解説

Keys for Search
設問文中の「センターからカフェにチェスを運ぶ」。

Areas for Search
全体。

設問文中の表現 carry chess sets from the University Center to Café Mozart がほぼそのまま本文第3文にヒット。直前に need a few volunteers と書かれており、続く文の先頭に If you can help とあることから、呼びかけの対象が members of the Chess Club であることがわかる。正解は①。

解 答

B

問1	3	④
問2	4	④
問3	5	①

英文の訳

あなたの住んでいる市の英語サイトを見ていて，おもしろいお知らせを見つけました。

ボランティア募集：世界の子供たちが集う夏のスポーツキャンプ

スポーツキャンプについて

　市はこの夏，子供たちにスポーツを楽しんでもらうさまざまな機会をご提供いたしますが，その中の1つに「世界の子供たちが集う夏のスポーツキャンプ」があります。この催しでは，さまざまな国から来た子供たちが一堂に集い，いろいろなスポーツに触れて楽しんでもらいます。10歳未満の子供は親子で参加することもできます。指導される種目はバスケットボール，サッカー，柔道，水泳です。

ボランティア募集！

　現在，このイベントに協力していただける学生ボランティアを募集中です。指導は英語と日本語の両方で行われます。種目ごとに，英語と日本語のバイリンガルであるコーチがつきますので，ボランティアのみなさんの主な仕事は子供たちと一緒に競技をしていただくことです。これらの種目のうち1つ以上の経験者の方のご参加をお待ちしております。

キャンプスケジュール：

8月1日	バスケットボール	市営体育館	午前9時～12時
8月2日	サッカー	第1競技場*	午前9時～12時
8月3日	柔道**	市営体育館	午後3時～6時
8月4日	水泳	市営スイミングプール*	午後3時～6時

＊雨天の場合，開催場所は市営体育館に変更となります。

＊＊柔道着を持参してください。

　応募には**ここ**をクリックしてください。締め切りは6月30日午後5時です。

▲詳細は www.xxx.yyy-city.gov/events/intl-summer-camp/ まで。

opportunity 　名 機会

第1段落

provide 　動 〜を提供する

a variety of 〜 　熟 さまざまな〜

accompany 　動 〜と一緒に行く

instruct 　動 〜に教える

第2段落

look for 〜 　熟 〜を求める

bilingual 　形 2言語を話す

apply for 〜 　熟 〜に申し込む

スケジュール

field 　名 競技場

location 　名 場所

解　説

問1　★★☆☆☆

訳　このお知らせの目的は　3　を見つけることである。

① 各種目のバイリンガルのコーチ

② スポーツキャンプの参加者

③ 英語で指導できる人々

④ スポーツを手伝える学生

📎 問いのねらい　求められている情報が書かれている箇所を限定できるか

解法のポイント

ウェブページ，広告，掲示文は視覚的に内容の構成を把握しやすい。設問文・選択肢から設定した検索キーに加えて，「検索対象エリアを狭く限定」させることで解答の効率を上げる。

☞ 設問内容から検索エリアを限定する方法

タイトル

About the camp:	←設問が「参加するのは誰？」ならココが検索エリア。
We need volunteers!	←「何を募集している？」ならココが検索エリア。
The camp Schedule:	←「○○が行われるのはいつ？」ならココが検索エリア。
注	←「注」や「補足」が解答にかかわる設問もある。

解説

Keys for Search に加えて Areas for Search を設定。

検索キーは選択肢から① 「バイリンガルのコーチ」，② 「参加者」，③ 「英語で指導」，④ 「手伝い」。

一方で，本文は (i) 「キャンプの紹介」(About the camp)，(ii) 「ボランティア募集」(We need volunteers!)，(iii) 「スケジュール」(The camp Schedule) の 3 部構成。お知らせの目的は 「○○を見つけること」 だから，検索エリアは (ii) である。

Areas for Search にて Keys for Search の内容を丹念に検索。

「どんなボランティアなのか」 をつかまえればよい。(ii) 「ボランティア募集」 の中で第 3 文 We will have an English-Japanese bilingual coach for each sport, so your main job will be to play sports with kids. が根拠。ここからボランティアの仕事が 「コーチ」 ではなく 「子供たちのスポーツの相手」 であることがわかる。正解は④。

問2　★★☆☆☆

訳　このイベントでは， ___4___ 。

① 多くの国から子供たちが毎年参加している
② 10 歳を超えた子供は参加できない
③ さまざまな国から来たコーチが少年少女を指導する
④ 4 種類のスポーツの指導がされる

解説

Keys for Search

① 「毎年」，② 「10 歳」，③ 「コーチ＝多国籍」，④ 「4 種類」。

Areas for Search

(i) 「キャンプの紹介」。

キャンプについては第 1 文に this summer とあるだけで 「毎年実施されている」 とは書かれていないため ① は不正解。child under 10 については can be accompanied by his or her parent 「親の同伴可」 と説明されているが，「10 歳以上不可」 とは書かれておらず，② も不正解。from many different countries は 「参加する子供たち」 でありコーチではないため ③ も不正解。正解は④。

問3　★★☆☆☆
訳　このスケジュールから　5　とわかる。
　① すべての競技は室内で実施されるかもしれない
　② すべての競技は同じ場所で実施されるように計画されている
　③ 一部の競技は夜に始まる
　④ 一部の競技は同じ日に実施される

解説

Keys for Search

①・② 「場所」，③・④ 「日程」。

Areas for Search

(iii) 「スケジュール」。

スケジュールを見れば，4種目はすべて別の日であり，遅くとも午後6時には終了する。従って，③・④ はともに不正解。会場が3か所あることもすぐにわかるので ② も不正解。正解 ① の根拠は最後の注意書きの1つめ，If it rains, the location will be moved to the City Gym. に書かれている。

Column　リーディング力アップのための Q&A ①

Q. 単語集の上手な使い方がわかりません。どう使えばいいですか？

A. 「知識の質」より「知識の量」を重視しましょう。

☞単語集を使う目的は，知らない単語の数を減らすこと，つまり「知っている単語の数を増やすこと」が何よりも優先されます。単語集には，1つの単語に対して複数の語義や派生語や例文など，さまざまな情報が付いていますが，まずは覚えることを「1語1訳に限定」し，とにかく「単語集を1冊最後まで読み通す」ことを心がけましょう。語義の2番目以降や派生語などは，「知っている単語の数」を増やしてから取り組むのでも遅くはありません。

2nd

▸ 問題 別冊 P.8

解 答

A

問1	1	③
問2	2	②

英文の訳

あなたは交換留学生で，現在ロサンゼルスで地元のホストファミリー（ジェイソン(40)，ベッキー(39)，マイク(9)，ファイドー(犬)）とともに暮らしています。今は学校の昼休みで，あなたはホストマザーであるベッキーから届いたメールを読んでいるところです。

トモコ，

　私は今日仕事が遅くまでかかりそうです。午後遅くに出席しなければならない重要なミーティングの予定があるの。

　マイクには今日はバスで帰るように電話で伝えてあります。なので3時半頃に家に着くはずです。マイクが帰って来たら，テレビゲームをする前にちゃんと宿題をやって，ファイドーに散歩させ餌をやるように言ってくれないかしら。

　夕食は，中華を頼んであって，ジェイソンが仕事帰りに受け取ることになっています。私は遅くまで帰れないと思うから，私を待たずに食事をしてね。

ベッキー

語 句

look like ～　熟 ～のようだ
should　助 きっと～だろう
make sure (that) ...
　熟 必ず…するように手配する
walk　動 ～を散歩させる

feed　動 ～に餌を与える
pick up ～［～ up］
　熟 （注文したもの）を受け取る
on *one*'s way home　熟 ～が帰宅する途中で
make it home　熟 帰宅する

解 説

問1　★☆☆☆☆

訳 ベッキーはあなたに息子のマイクに　1　伝えてほしいと思っている。

① ファイドーを散歩させる前に宿題をしないように
② お母さんが帰ってくるまでテレビゲームをしないように

③ 宿題をやってファイドーの面倒を見るように
④ 宿題をやって，ファイドーを散歩させて，テレビゲームをするように

解説

Keys for Search
選択肢に現れる「宿題」，「ファイドーの散歩」，「テレビゲーム」。

Areas for Search
全体。

第2段落第3文に make sure he does his homework, walks and feeds Fido とあり，これが根拠となって正解は③である。直後の before he starts playing video games は，ただ「ゲームはやるべきことをやったあと！」という趣旨でベッキーがマイクにしてほしいことではないので④は不正解。

問2　★☆☆☆☆

訳　ベッキーはあなたに　2　ほしいとも思っている。
① 自分で夕食を作って
② **自分を待たずに夕食を食べて**
③ 夕食に中華料理を注文して
④ ジェイソンが帰ってくる前に夕食を取りに行って

解法のポイント
☞ **検索キーをどこから設定するか**が解答作業の効率を大きく左右する。設問文からか，それとも選択肢からか。選択肢なら「各選択肢から1つずつキーを設定する」のか，それとも「共通するキーを1つ見つける」のかをよく考えること。
設問ごとに最も効率よく作業ができるキーを設定することを意識する。

解説

Keys for Search
検索キーは選択肢から「夕食」である。各選択肢の「作る」「食べる」などよりも，すべての選択肢の中心情報である「夕食」を検索するほうが作業の効率がよい。
夕食の話題は最終段落である。第1文 I have ordered some Chinese food, and Jason will pick it up on his way home from work から①，③，④が除外される。正解は②である。最終文の最後で②にあたる please don't wait for me to eat と言っている。

解　答

B

問1	3	①
問2	4	④
問3	5	②

英文の訳

あなたの住んでいる市の英語サイトを見ていて，おもしろいお知らせを見つけました。

夏休みオープンカレッジ講座
「英語で学ぶ初級フランス語」
市の生涯学習プログラム，高校生も対象

　　コース：　初級フランス語
　　日程：　　7月18日〜8月29日（木曜日午後6:30〜8:00）
　　場所：　　市立大学アオキメモリアルホール205号室

この講座は初級者向けであり，テキストに掲載されたフランス語のすべての単語には英訳がついています。ですからフランス語の予備知識は一切必要ありませんが，講座が英語で指導されることは注意してください。この講座で講師を務めるセリーヌ・ボネ博士はアメリカの高校で20年にわたってフランス語を教えた経験があり，またこれまで限られた英語のスキルしか持たない移民の学生を数多く教えていらっしゃいます。この講座に参加するには，日本の中学校で学ぶ程度の基礎的な英語力が必要です。

講座スケジュール：

レッスン1：	講座の概要説明，あいさつ，自己紹介など
レッスン2：	質問してみる
レッスン3：	日々の出来事や生活情報
レッスン4：	お店・レストランで
レッスン5：	いろんな気持ちを表現する
レッスン6：	フランス映画観賞会
レッスン7：	復習ミニテスト

＊受講料　¥10,000（教材費¥2,000が含まれます。）
＊レッスン4は同じ建物の1階にあるカフェ，シトロンで行われます。軽食代（¥500）が当日徴収されます。

詳細は<u>オンラインカタログ</u>をご覧ください。

---

life-long	形 生涯の	typically	副 一般的に
open to ～	熟 ～に対して公開の	greeting	名 あいさつ
translation	名 訳	review	名 復習
prior	形 前もっての	fee	名 料金
note	動 ～に注意[注目]する	material	名 資料
expect	動 ～を期待する	collect	動 ～を集める

解 説

問1　★☆☆☆☆

訳　このお知らせの目的は　3　人々を見つけることである。

① いくらかの英語の知識を持っており，別の言語を学びたい
② フランスに住み，英語を教えた経験がある
③ 高校の英語の授業の成績を上げたい
④ 日本に住む英語のネイティブにフランス語を教えたい

解説

Keys for Search

①「英語・別の言語」，②「フランスに住んだ」，③「成績」，④「教える」，あたりを確認。

Areas for Search

お知らせは3部構成で，(i)「講座の基本情報」，(ii)「紹介」，(iii)「スケジュールと注」。
知りたいのは「お知らせの対象」だから，(i)「基本情報」から探す。

タイトルが "FRENCH FOR BEGINNERS, TAUGHT IN ENGLISH"，それに(ii)「紹介」の第2文や最終文に「要英語力」が強調されていることから，正解が ① であることを判断するのは容易だろう。

問2　★★☆☆☆

訳　このコースでは　4　。

① フランス人が生徒たちを手助けしてくれる
② 生徒はアメリカ人の元大学教授に教えてもらう
③ 生徒は教材を一切使用しない
④ 教師は日本人を教えるのにあまり苦労しないかもしれない

解法のポイント

☞ 設問内容から「どこを検索すればいいか」をすばやく限定する。

解説

Areas for Search

選択肢の内容から，問われているのはこのコースの「具体的内容」だから，①「フランス人アシスタント」，②「元大学教授」，③「教材」，④「教師」の各検索キーは，本文中の(ii)「紹介」部分から検索すればよいことがわかる。

①については何も述べられておらず不正解。②は「大学」の記述がどこにもなく不正解。③「教材」については第1文の中で every French word in the textbook has an English translation と「テキスト」が登場することから使用されることがわかる。従って不正解。④「教師」については，第3文に she has also taught many immigrant students whose English skills were limited と書かれており，「英語のスキルが限られた移民を多く教えてきた」，つまり外国人への指導経験が豊富であることが謳われている。これが根拠となって④が正解になる。

問3　★★☆☆☆

訳　生徒は　5　。
① この講座に合計で 12,000 円支払う
② **受講料の他にいくらかお金を支払う**
③ この講座でたくさんのフランス語の文法問題を解く
④ 講座期間中すべての講義を 205 号室で受講する

解説

Keys for Search

①・②「料金」，③「内容」，④「場所」についてチェック。

Areas for Search

(iii)「スケジュールと注」。

①は，受講者が支払うのは受講料の 10,000 円に加えて軽食代 500 円の合計 10,500 円であり不正解。The materials fee「教材費」は受講料に含まれていることが注に記されている。正解は②で，注の2つめに Lesson 4 の講義の際に，会場となる Citron で Snack Fee「軽食代」が徴収されることが記されている。③の講座の「内容」については，(iii)「スケジュール」を見れば初級講座であり全体が軽めの内容であることがわかり，「たくさんの文法問題」を思わせる記述はない。従って③も不正解。④「場所」については，(i)「基本情報」の Room 205 に加えて，(iii)「注」に Lesson 4 will be given at Citron と別の場所でも行われることが示されている。従って不正解。

第2章 説明文・記事と評価

1st

▶ 問題 別冊 P.12

解 答

A

問 1	6	②
問 2	7	④
問 3	8	③
問 4	9	③
問 5	10	①

英文の訳

あなたは大学生活をスタートさせる準備を進めています。大学近くのワンルームのアパートに引っ越しを済ませ，今度は冷蔵庫を買わなくてはいけません。今日，あるウェブサイトで，あなたはよさそうな冷蔵庫を見つけました。

OBN FRDG-2S　140リットル2ドア冷蔵庫

王文電気

$199.99

★★★★☆　164件のカスタマーレビュー

当社のベストセラー冷蔵庫！

大学生にピッタリ！

　この冷蔵庫は，2リットルのボトルや缶入り炭酸飲料から要冷凍の品まで，さまざまなものを収納できるように作られています。本体はコンパクトで4色から選ぶことができ，いかなる小さなアパートやオフィスにも最適です。

仕様：

サイズ	コンパクト	**エネルギー効率：**
タイプ	2ドア	推定稼働コスト（電気代）
カラー	ホワイト／シルバー／ブラック／レッド	夏・$8／月
2リットルのボトルを収納可能な冷蔵室のドアポケット		春・秋・$4／月
大きめのフリーザー		冬・$3／月

カスタマー評価とレビュー：

101 ブルーデビル　★★★★☆

　　私は大学生で，学内の寮に住んでいます。前に使っていた冷蔵庫がたった1年使っ
　　ただけで壊れてしまったので，この冷蔵庫を購入しました。すごく冷えますし，飲
　　み物もアイスもたくさん入れておけます。それにものすごく静かです。今のところ，
　　すごく気に入っています。卒業まで持てばそのときに星5つです！

エックスロングホーン07　★★★★★

　　ブラックの外観のカッコいいデザインで，部屋にピッタリです。小型ですが，私が
　　必要なものはすべて入ります。家で頻繁に料理するのでなければ，これで十分です！

語　句

refrigerator / fridge	名 冷蔵庫	operating cost	熟 稼働コスト
hold	動 ～を収納できる	dormitory	名 寮
need to do	熟 ～する必要がある	previous	形 以前の
stay	動 ～のままでいる[ある]	run	動 動く
frozen	形 凍った	so far	熟 今までのところ
make it perfect	熟 それを完璧にする	last	動 長持ちする
feature	名 特徴	exterior	名 外観
storage	名 収容力，保存量	fit	動 ぴったり合う
energy efficiency	熟 エネルギー効率	yet	接 それでもなお
estimate	動 ～を推定する	all you need	熟 必要なすべて

解　説

問1　★★☆☆☆

訳　この冷蔵庫は，あなたが1人暮らしで　6　ならちょうどいいだろう。

　① フリーザーが必要ない
　② **あまり頻繁に料理をしない**
　③ 大型冷蔵庫がほしい
　④ シンプルな1ドア冷蔵庫がほしい

解説

Keys for Search

①「フリーザー」，②「あまり料理しない」，③「大型」，④「1ドア」。

Areas for Search

ウェブサイトは(i)「商品の紹介」，(ii)「商品の仕様」，そして(iii)「カスタマーレビュー」
の3部構成。「どんな人にオススメ？」が問われているので，該当エリアは(i)か(iii)。
ザックリ検索して，キーに対応する部分を絞り込む。正解は②。(iii)「カスタマーレ
ビュー」のEx_Longhorn_07のコメントにIf you don't cook regularly at home,

this is all you need! とある。

問2　★★☆☆☆
訳　もしこの冷蔵庫が四季を通して気候が変化する都市で使用されたら，1年間でかかる電気代は 7 になると予想される。
① 約 20 ドル
② 約 45 ドル
③ 約 50 ドル
④ 約 60 ドル

解説

Keys for Search
「金額」。

Areas for Search
(ii)「商品の仕様」。
春夏秋冬をそれぞれ 3 か月ずつと考えれば，8 × 3 ＋ 4 × 3 ＋ 4 × 3 ＋ 3 × 3 で合計 57 ドル。正解は④。

問3　★☆☆☆☆
訳　購入者の 1 人である 101 ブルーデビルさんがこの冷蔵庫に星を 5 つつけていないのは，8 からである。
① すでに壊れてしまった
② 音がうるさい
③ 長く使えるかどうかわからない
④ 大きな不満がないだけだ

解説

Keys for Search
①「壊れた」，②「うるさい」，③「長く使える？」，④「不満なし」。

Areas for Search
カスタマーレビュー中，101_Blue_Devil のコメント。
最終文の If it lasts until I graduate, I will give it five stars then! から，「どれだけ長く使えるか」を重要視していることがわかる。その点についてはまだ評価する時期にきていないということなので，正解は③。

問4　★★☆☆☆
訳　このウェブサイトによれば，この冷蔵庫に関する 1 つの**事実**（意見ではない）は 9 であるということである。
① 3 リットルのボトルを冷蔵可能
② 男子学生に理想的

③ この会社のベストセラー冷蔵庫
④ とても静か

 問いのねらい　事実と意見を区別できるか

解法のポイント
事前に選択肢を「客観情報＝事実」と「主観情報＝意見」に分別するのがカギ。正しく分別した後，求められているほうの選択肢内容を資料内から検索する。
① 「事実」とは，まず「数値で示せるもの」と覚えておく。「意見」とは，書き手や登場人物の考えや推測ととれるもののことである。

☞ fact「事実」か opinion「意見」かはこう考える！

選択肢
- 客観情報（＝事実）
  - 本文に書かれている ➡ （事実を選ぶなら）正解
  - 本文の内容に反する／書かれていない
    ➡不正解
- 主観情報（＝意見）
  - 本文に書かれている ➡ （意見を選ぶなら）正解
  - 本文の内容に反する／書かれていない
    ➡不正解

解説

Fact or Opinion?
各選択肢は「客観＝事実」か？　それとも「主観＝意見」か？
① 「冷蔵できる」　　＝客観＝事実
② 「理想的」　　　　＝主観＝意見
③ 「ベストセラー」＝客観＝事実
④ 「静か」　　　　　＝主観＝意見
　求められているのは事実だから①または③。

Areas for Search
2つの選択肢の内容はどこに書かれているか？
本文中の検索エリアは(ⅰ)「商品の紹介」（Our Best Seller in Refrigerators! 以下）または，(ⅱ)「商品の仕様」（Features 以下）のいずれかと考えて間違いないだろう。したがってそこを重点的に検索する。① は「紹介」に from 2-liter bottles and soda cans, to items that need to stay frozen とあるが，これは「2 リットルのボトルや缶入り炭酸飲料から要冷凍の品まで」の意味であり，「2 リットルのボトルを冷凍可能」

の意味ではない。「仕様」には Door-pocket storage for 2-liter bottles「2 リットルのボトルを収納可能なドアポケット」とはっきり書かれており，正解判断に問題はないだろう。③「ベストセラー」をサーチすると「紹介」冒頭に Our Best Seller in Refrigerators! とある。正解は③。

問 5　★★☆☆☆

訳　このウェブサイトによれば，この冷蔵庫に関する 1 つの**意見**（事実ではない）は 10 ということである。
　① **デザインがすてきだ**
　② 家庭用よりオフィスでの利用に向いている
　③ 星 4 つの評価をした人が 1 人いる
　④ 外観がブラックのものを選択できる

解説

Fact or Opinion?

選択肢を「客観＝事実」と「主観＝意見」に分別。
①「デザインがいい」＝主観＝意見，②「向いている」＝主観＝意見，
③「した人がいる」＝客観＝事実，④「選択可能」＝客観＝事実。
意見を述べている選択肢は①と②。カスタマーレビューを中心にどちらが正解かを判断する。Ex_Longhorn_07 のコメントに The cool design という「意見」があることから正解は① である。② については述べられていない。

解答

B

問1	11	③
問2	12	①
問3	13	④
問4	14	④
問5	15	④

英文の訳

英語の先生があなたに次の授業で行う討論の準備に役立つ記事をくれました。この記事の一部と，それについてのコメントの1つが以下に示してあります。

日本のキャッシュレス化

ジョージ・パワーズ，東京
2019年7月2日　午前11時31分

　日本政府は2018年4月，キャッシュレス決済システムを促進するために「キャッシュレスビジョン」を発表しました。現在，日本ではキャッシュレス決済利用の割合は約20%ですが，政府はこの割合を，大阪万博が開催される2025年までに40%に引き上げようとしています。

　この報告は，キャッシュレス決済システムが店舗やレストランにおける仕事の量を減らすことで，労働力不足の問題を解決する一助となると述べています。また，現金の代わりにデジタルマネーを使用することで，政府がより効率的に税を徴収する助けにもなります。その上，キャッシュレス決済システムは，より安全性が高く，ボーダーレスである（つまり海外からの観光客が簡単に支払いを行うことができる）とも考えられています。

　しかしながら，これにはさまざまな問題点や懸念もあります。あるファイナンシャル・テクノロジー・エンジニアはこう語っています。「キャッシュレス社会には，プライバシーは事実上存在しません。システムはあなたが何を，いつどこで買うかを記録します。そして記録されたデータは，銀行，クレジットカード会社，そしておそらく政府と共有されることになるでしょう。気味が悪いですよ」また，デジタルマネーは一般に（現金に比べ）安全性が高いと考えられているものの，それは電力供給が安定しているときに限って当てはまるのです。つまり，例えば自然災害などが，ものすごい数の人々を一瞬にして経済的大混乱へと陥れてしまうことも考えられるのです。

31

61件のコメントがあります。

最新のコメント

ヤマムラ・メグミ　2019年7月2日　午後8時31分

キャッシュレス決済システムは大企業と政府にとってよいだけです。私は東京の郊外で小さなレストランを経営しており，今，さまざまなキャッシュレス決済方式を受け入れています。残念ながら，キャッシュレスで決済される度に私がクレジットカード会社に手数料を支払っているだけのことなのです。

語　句

cashless	形 現金不要の		borderless	形 境界のない

第1段落 / **第3段落**

release	動 ～を公表する		concern	名 懸念
promote	動 ～を促進する		financial	形 金銭的な
payment	名 支払い，決済		virtually	副 事実上
ratio of ～	熟 ～の割合		privacy	名 プライバシー
expo (exposition)	名 博覧会		share	動 ～を共有する

第2段落

reduce	動 ～を減らす		stable	形 安定した
thus	副 したがって		supply	名 供給
labor	名 労働(力)		natural disaster	熟 自然災害
shortage	名 不足		instantly	副 ただちに
cash	名 現金		throw ～ into ...	熟 ～を…に陥れる
help ～ (to) do	熟 ～が…するのを助ける		chaos	名 大混乱

コメント

tax	名 税金		suburb	名 郊外
efficiently	副 効率的に		accept	動 ～を受け入れる
moreover	副 その上		option	名 選択肢
be considered ～	熟 ～だと考えられている		unfortunately	副 残念なことに

解　説

問1　★★☆☆☆

訳　記事によれば，日本政府は[11]ようとしている。

① 2025年までにキャッシュレス決済方法の利用を40パーセントに減少させ

② 万博までに新しいキャッシュレス技術を開発し

③ **2025年までにキャッシュレス決済利用の割合を2倍にし**

④ 万博までにキャッシュレス決済利用の割合を40パーセント増加させ

解説

Keys for Search

選択肢で使用されている「2025」や「40%」,「万博」。

Areas for Search

記事は,第1段落「話題」,第2段落「賛成意見」,第3段落「反対意見」の構成。
従って,この問のサーチ対象は第1段落。

まず,第1段落第2文に現在の日本のキャッシュレス決済の割合が20%だとある。そして同じ文の後半に trying to increase the ratio to 40 percent by 2025, when the World Expo is held in Osaka とある。③ が正解。④ は現状から 40%増加するということだから60%になる。by 40 percent の〈by＋数値〉は「～だけ,～の差で」の意味。

問2　★★★☆☆

訳　あなたのチームは「日本はキャッシュレス社会になるべきだ」という討論の議題を支持する。この記事の中で,あなたのチームに役立つ1つの意見(事実ではない)は　12　というものである。

　① キャッシュレスシステムは労働者不足の問題を解決する助けになるかもしれない
　② キャッシュレスシステムへの依存は,現金の使用に比べ,必ずしも安全性が高いとは限らない
　③ 政府はキャッシュレスシステムがなければ税を効果的に徴収することができない
　④ 利用者はキャッシュレス決済方法を利用すればお金をいくらか節約することができる

解説

Fact or Opinion?

選択肢を「客観＝事実」と「主観＝意見」に分別。
①「助けになるかもしれない」＝主観＝意見,②「高いとは限らない」＝主観＝意見,
③「徴収できない」＝客観＝事実,④「節約できる」＝客観＝事実。
意見を述べているのは①と②(②は事実の可能性もある。どれだけ明確な根拠があるかで決まる)なので,2つが正解候補。求められているのは「日本はキャッシュレス社会になるべき」を支持する意見であり,キャッシュレス＝プラスの立場。①はキャッシュレス＝プラス,②はキャッシュレス＝マイナスの選択肢になっている。正解は①。

問3　★★★☆☆

訳　もう1つのチームはこの議題に反対する。この記事の中で,そのチームに役立つ1つの意見(事実ではない)は　13　というものである。

　① 決済のための新たな技術を開発したほうがよい
　② 停電中でも利用可能な[耐えられる]キャッシュレスシステムを作りあげることができる
　③ 旅行者だけがキャッシュレス社会の恩恵を受けられる
　④ キャッシュレス社会ではプライバシーが守られないかもしれない

Fact or Opinion?

選択肢を「客観＝事実」と「主観＝意見」に分別。

① 「開発したほうがよい」＝主観＝意見, ② 「作りあげることができる」＝客観＝事実,
③ 「恩恵を受けられる」＝客観＝事実, ④ 「守られないかも」＝主観＝意見。

意見を述べている選択肢は①と④の2つ。① は決済のための新たな技術を提案してお
り, つまり「キャッシュレス決済賛成」の立場。第3段落第2文 You will have
virtually no privacy in a cashless society. と一致する④ が正解である。

問4 ★★★☆☆

訳 記事の第3段落で, "That is spooky" とは状況が [14] ということを意味している。

① 筆者にとって快適である

② 裕福な人々にとって好ましくない

③ 筆者に安心感を与える

④ 筆者に不安を感じさせる

解 説
Image Approach

知らない単語の「イメージ」を前後から推測。

主語の That が指しているのは直前の内容, つまり「個人情報が銀行, カード会社, 政府
に共有される」こと。これはキャッシュレス化に反対する根拠である。ここから spooky
は「マイナス」イメージとわかる。選択肢の中で「マイナス」イメージを持つものは②
と④ の2つだが②については述べられていない。従って④ が正解。

なお, spooky とは「薄気味悪い」という意味である。

問5 ★★☆☆☆

訳 コメントによると, ヤマムラ・メグミは政府がキャッシュレス決済システムを促進
することに [15]。

① 特定の意見を持っていない

② 部分的に賛成である

③ 強く賛成である

④ 強く反対である

問いのねらい 賛成・反対の度合いを判断できるか

解法のポイント

コメントの各文の内容をそれぞれ, 「賛成」「反対」「どちらでもない」に分別する。さらに,「要するに……」と意見の傾向をまとめる。

☞ In Short 「要するに」の考え方

あるテーマに対するコメントの各文の内容を「賛成」「反対」「どちらでもない」に分別し, それらの組み合わせで意見の傾向を判断する。

（例）文が3つの場合　　　　　　　　　　　　　　　 In Short(意見の傾向)

文①賛成――――――文②賛成――――――文③賛成			➡強く賛成
文①賛成――――――文②どちらでもない――文③賛成			➡強く賛成
文①賛成――――――文②どちらでもない――文③どちらでもない			➡部分的に賛成
文①どちらでもない――文②どちらでもない――文③賛成			➡部分的に賛成
文①どちらでもない――文②どちらでもない――文③どちらでもない			➡特定の意見なし

これ以外のパターンは考える必要ない。「反対」の場合も同様。

解説

各文の内容について「賛成」「反対」「どちらでもない」を確認。

①Cashless payment systems are only good for large companies and the government.

②I run a small restaurant in a suburb of Tokyo and now accept various cashless payment options. ③Unfortunately, all it does is make me pay a fee to a credit card company every time a cashless payment is made!

第1文 only good for large companies and the government は「反対」の内容。第2文は「どちらでもない」内容。最終文 all it does is make me pay a fee は「反対」の内容。

In Short にまとめる。

反対➡どちらでもない➡反対, という流れになっている。従って, In Short は「強く反対」である。正解は④。

2nd

▶▶ 問題 別冊 P.16

解答

A

問1	6	①
問2	7	④
問3	8	④
問4	9	②
問5	10	②

英文の訳

海外で休暇中のあなたは，地元のガイドつきツアーに参加してみようと思っています。あるウェブサイトで，よさそうなものを見つけました。

イルカと一緒にシュノーケリング：1日ガイドつきツアー（少人数）

$100

このツアーでは，熟練したガイドとともに，イルカと一緒に熱帯の海を泳ぎます。我が社で最も人気のツアーの1つであり，ご満足いただけると確信しています！

ツアー内容に含まれているもの：

　□シュノーケルセット　　□バイリンガルの熟練ガイド（英語・スペイン語）

　□ホテルへの無料送迎　　□昼食（$20追加で特上へアップグレード可能）

　□お飲み物（ソフトドリンク・水）

注記：

　最低年齢　8歳

　最少催行人数　3名

　最大催行人数　10名

　環境税　$10（ツアー料金には含まれていません）

　サービス料　ツアー最終料金の10%

　悪天候や参加者不足のためツアーがキャンセルされた場合，別の日程でご参加いただくか，または料金を全額返金させていただきます。

68件のカスタマーレビュー

ラブ＿トラベリング＿86　2019年8月

　今までで最高にエキサイティングな経験の1つでした！　海はきれいだし，ガイドさんはすばらしかったし，お昼ご飯も豪華！（追加料金20ドルを払ってアップグ

レードしました）ボートはちょっとキツかったんですけど，出してくれた船酔いのお薬がよく効きました。

モリタ＿ファミリー＿ハローワールド　2019年7月

透明な水がすばらしくて，イルカだけじゃなく，ジンベエザメやマンタも見ることができました。昼食はそこそこ，でもそれ以外はすべてが最高以上でした！　妻も私も大満足，子供たちはそれ以上でした。最高にオススメです！

語 句

snorkel	動 シュノーケリングをする	rough	形 荒っぽい
pickup	名 送迎	awesome	形 すばらしい
upgrade	動 アップグレードする	whale shark	名 ジンベエザメ
premium	形 高品質な	manta ray	名 マンタ
note	名 通知，注記	as well	熟 ～もまた
minimum	形 最小限の	cannot *do* enough	
refund	名 返金		熟 いくら～しても十分ではない
コメント		highly	副 大いに評価して

解 説

問1　★☆☆☆☆

訳　このツアーは，あなたが　6　たいなら，ちょうどいいだろう。

① 美しい海を楽しみ海の生きものたちと出会い
② ビーチに出かけてパーティーをし
③ 蒸し暑い日に室内でリラックスし
④ ツアーガイドと一緒に史跡を訪れ

解説

Keys for Search

①「海」，②「ビーチ」，③「室内」，④「史跡」。場所に着目する。

Areas for Search

(i)「ツアーの紹介」，(ii)「詳細」，そして(iii)「カスタマーレビュー」の3部構成。「何がしたいか」が問われているので，該当エリアは(i)。

(i)「ツアーの紹介」冒頭に you will swim with dolphins in the tropical ocean とあることから正解は①。

問2　★★☆☆☆

訳　客がよりおいしい昼食を頼む場合は，このツアーの合計金額は1人あたり　7　だろう。

① 100ドル　　② 122ドル　　③ 132ドル　　④ 142ドル

Keys for Search

「金額」。

Areas for Search

(ii)「詳細」に書かれた金額を追う。

基本料金100ドルにランチのアップグレード20ドルで120ドルがツアー料金となる。この金額の10%がTipとして必要になるためこれを加えて132ドル，さらにEnvironmental taxが10ドル加わって142ドル。正解は④。ランチのアップグレードが望ましいことは，カスタマーレビューの内容から判断できる。

問3　★☆☆☆☆

訳　このツアーのよいところの1つは ☐ 8 ☐ ということである。

① アジアの言語でのガイドが保証されている

② 追加のお金を払えば昼食が提供される

③ 参加者がプライベートボートを借りられる

④ **ツアー会社のスタッフがホテルに迎えに来てくれる**

解 説

Keys for Search

①「アジアの言語」，②「昼食」，③「プライベートボート」，④「迎えあり」。

Areas for Search

第1候補は(ii)「詳細」。第2候補は(iii)「カスタマーレビュー」。

Includedに目をやればどうやらここだけで解答できそうだとわかる。expert guideが話すのは英語とスペイン語だから①は不正解。次に現れるFree hotel pickupから正解は④。注意すべきは②で，昼食は追加料金なしで提供される。20ドル追加で「特上へアップグレード」である。早合点しないよう注意しよう。

問4　★☆☆☆☆

訳　このウェブサイトで，このツアーに関する1つの**事実**（意見ではない）は ☐ 9 ☐ ということである。

① 子供のいる家族はツアーをとても楽しめるだろう

② **以前参加した人が船酔いにかかって薬を飲んだ**

③ ツアーの対象は英語が話せる人だけだ

④ もっと楽しむために友だちを連れて行くべきだ

解法のポイント
☞ 事前に各選択肢を「客観情報＝事実」と「主観情報＝意見」に分別し，求められているほうの内容のみを検索する。

解説

Fact or Opinion?

①「楽しめるだろう」＝主観＝意見，②「飲んだ」＝客観＝事実，③「英語が話せる人だけ」＝客観＝事実，④「連れて行くべき」＝主観＝意見。求められているのは事実なので①と④は不正解。②と③についてだけ検索すればよい。

検索キーは②「薬」，③「英語」。本文の検索エリアは，(ii)「詳細」(Included 以下) および(iii)「カスタマーレビュー」に限定できる。「詳細」を検索すると，Bilingual expert guide (English / Spanish) とあり，スペイン語話者にも対応しているので③は不正解。「カスタマーレビュー」，Love_Traveling_86 のコメントの最終文に The boat ride was a little bit rough, but the seasickness medicine they gave me was very effective. とあることから，正解は②になる。

問5　★☆☆☆☆

訳　このウェブサイトで，このツアーに関する1つの**意見**（事実ではない）は ⎡ 10 ⎤ ということである。
　① ツアーは参加者が十分集まらなければ中止される
　② **人々は間違いなくこのツアーを気に入るだろう**
　③ このツアーは誰に対しても勧められるというものではない
　④ 必ずジンベエザメやマンタが見られる

解説

Fact or Opinion?

選択肢を「客観＝事実」と「主観＝意見」に分別。
①「集まらなければ中止」＝客観＝事実，②「気に入るだろう」＝主観＝意見，
③「万人には勧められていない」＝主観＝意見，④「必ず見られる」＝客観＝事実。

Keys for Search

②「気に入る」，③「オススメ」。

Areas for Search

(i)「紹介」と(iii)「カスタマーレビュー」。

「紹介」第2文に This is one of our most popular tours, and we are sure you will love it! とあり，さらに「カスタマーレビュー」では Morita_Family_HelloWorld が I cannot recommend this tour highly enough. と述べている。正解は②である。

▶▶ 問題 別冊 P.18

解答

B

問1	11	①
問2	12	④
問3	13	④
問4	14	④
問5	15	④

英文の訳

英語の先生があなたに次の授業で行う討論の準備に役立つ記事をくれました。この記事の一部と，それについてのコメントの1つが以下に示してあります。

新卒学生たちは給与よりも労働環境重視

クリスティン・サカモト，東京
2019年5月16日　午前10:38

　あるオンライン求人サイトの調査によると，日本の新卒大学生たちは「優れた労働環境（ストレスが少なく休暇が多いこと）」を仕事を選ぶ際に最も重要な要素だと考えていました。「高給」ではないのです。

　「企業はこの傾向を歓迎しないかもしれません」と，ある経済アナリストは語っています。「企業の労働環境は，実際にそこで働いてみるまでわからないものです。ですから，新入社員達は自分たちの置かれた環境を想像していたものと違うと感じて，結局仕事を辞めてしまうことが起きやすいのです。しかしながら，管理職には成功している企業は労働環境より高い給料を優先する必要があると考える人もいます。」

　一方で，こうした傾向は好ましいと考える人々もいます。大手の広告会社社長のオオツカ・ヨシコ氏はその1人です。彼女は，「企業の究極のゴールは利益ではなく，人々の生活に寄与することであり，それは企業の内部から始まるべきです。この傾向は私たちにこの真理に気づかせてくれます」と語っています。彼女はまた，自身の会社は労働環境を改善したおかげで従業員の創造性も生産性も高まったとも述べています。

26件のコメントがあります。

最新のコメント
プリシャ・グプタ　2019年6月1日　午後9:21

私はインド出身ですが，日本の若者がお金にあまり興味がないと知って驚いています。インドでは，大卒の若者は大変熱心に働きます。大企業では特に，猛烈に働くせいで私生活がないことも少なくありません。でも，たくさんお金を稼いでいられれば満足なんです。そして，彼らのおかげでインドの経済は好調なんです。私は近い将来日本の経済力が落ちるのではと思います。

語 句

graduate	名 卒業生		
care about ～	熟 ～を気にする		

第1段落

survey	名 意識調査
factor	名 要因，要素

第2段落

trend	名 傾向
hire	名 (新入)社員
find ～ ...	熟 ～を…だと思う
end up *doing*	熟 結局は～する
prioritize ～ over ...	
	熟 …より～を優先する

第3段落

positive	形 好ましい
ultimate	形 究極の
contribution to ～	熟 ～への寄与[貢献]
remind ～ of ...	熟 ～に…を思い出させる
mention	動 ～であると述べる
productive	形 生産的な

コメント

as long as	接 …する[である]限り
booming	形 急激に発展する
decline	動 衰える

解 説

問1 ★☆☆☆☆

訳 このオンライン求人サイトによれば，日本の新卒大学生は 11 が仕事を選ぶ際に最も重要だと考えている。

① **快適な労働環境**　② 高給を取ること
③ 昇進の機会　④ 家から職場までの距離

解説

Keys for Search

特定のキーを探す必要なし。選択肢を軽く眺めれば OK。

Areas for Search

記事は，第1段落「話題」の提起，第2段落「反対意見」，第3段落「賛成意見」の構成。第1段落に集中する。

rated "good work environment (less stressful work and more vacation time)" as the most important factor in choosing a job に一致する① が正解。

訳 あなたのチームは「快適な労働環境を求める傾向は歓迎されない」という主張を支持する。この記事の中で、あなたのチームに役立つ 1 つの**意見**（事実ではない）は | 12 | というものである。

① 企業は新卒社員を他の社員よりもきつく働かせている
② 企業は労働法を遵守すべきだ
③ 快適さを優先すると勤労意欲が下がる
④ **企業は従業員に十分な給料を与えるべきだ**

解説

Fact or Opinion?

選択肢を「客観＝事実」と「主観＝意見」に分別。

①「働かせている」＝客観＝事実、②「遵守すべき」＝主観＝意見、
③「下がる」＝客観＝事実、④「給料を与えるべきだ」＝主観＝意見。

Keys for Search

②「労働法」、④「給料」。

Areas for Search

第 2 段落。

第 2 段落第 4 文に However, some managers believe that successful companies need to prioritize high salaries over the work environment. とある。正解は④である。

問 3 ★★★☆☆

訳 もう 1 つのチームはこの主張に反対する。この記事の中で、そのチームに役立つ 1 つの**意見**（事実ではない）は | 13 | というものである。

① 快適な労働環境が労働者の創造性を高めることを促進した
② 企業は利益追求のみを気にかけるべきだ
③ 若者の離職率が上がっている
④ **この傾向は企業が労働者の幸福をより気にかけるよう促し得る**

解説

Fact or Opinion?

選択肢を「客観＝事実」と「主観＝意見」に分別。

①「促進した」＝客観＝事実、②「気にかけるべき」＝主観＝意見、
③「上がっている」＝客観＝事実、④「促し得る」＝主観＝意見。

意見を述べている選択肢は②と④。「快適な労働環境を求める傾向は歓迎されない」という主張に反対ということは「歓迎される」であり、②は「歓迎されない」立場、④は「歓迎される」立場の意見であることがわかる。④が正解。

問4　★★★☆☆

訳　プリシャ・グプタのコメントで，"have no life" は ⬚14⬚ ということを意味している。

① 疲れすぎて残業ができない　　② 深刻な健康問題を抱えている
③ 正しい食生活を維持する時間が取れない　④ **仕事以外のことを楽しむ時間がない**

解説

Image Approach

知らない単語の「イメージ」を前後から推測。

問題になっている have no life の直前に and があることに着眼する。they often work extremely hard and have no life が意味しているのは「極端に働く」から「生活がない」ということであり，この文脈から life は「仕事以外の時間」，いわゆる「プライベート」を漠然と表していると考えられる。

① は life ＝「仕事」になってしまう。② と③ は「健康」「食生活」と限定しすぎ。選択肢の中でこのイメージに一致するものは④。従って④ が正解である。

問5　★★☆☆☆

訳　コメントによると，プリシャ・グプタは記事で述べられている傾向に ⬚15⬚ 。

① 特定の意見を持っていない　　② 部分的に賛成である
③ 強く賛成である　　　　　　　④ **強く反対である**

解法のポイント

☞ **コメント各文の内容を「賛成」「反対」「どちらでもない」に分別**し，「要するに……」と一言にまとめる。

解説

まず，それぞれの内容をチェックする。

第1文 I am surprised ... は，日本の若者の考え方に対して違和感を述べており，記事の論調とは「反対」の内容。第2～4文のインドについての記述は they are happy as long as they make a lot of money とあるように，これも記事とは「反対」の内容。最終文の I'm afraid ... で表される日本経済への憂慮はもちろん「反対」である。

In Short

反対➡反対➡反対，という流れになっているので，In Short は「強く反対」である。したがって正解は④。

1st

▶ 問題 別冊 P.20

解答

A			
問1	16	①	
問2	17	②	

英文の訳

アメリカの大学に通う日本人交換留学生が書いたブログで，以下の記事を見つけました。

アメリカンスタイルの和食

9月15日（日）

　僕がアメリカに着いて3週間が経った。

　今日，僕は大学で見つけた和食について書きたいと思う。

テリヤキチキン

　テリヤキは日本ではありふれた調理法だが，アメリカの普通の大学の食堂で "teriyaki" という言葉を聞くとは思ってもみなかった。だから，誰かがテリヤキチキンを注文しているのが聞こえたとき，驚いて僕もそれを注文することにした。料理は確かにテリヤキチキンだが，調理の仕方が違うことがわかった。初めにチキンをグリルで焼いて，その後，上からいわゆる「テリヤキソース」をかけるのだ。日本人の中にはこれをテリヤキと呼びたくない人もいるかもしれないが，味はすごくよかった。あとで僕は，今アメリカでは "teriyaki" がとても人気だということを知ったのだった。

インスタントラーメン

　ここではたいていのスーパーでインスタントラーメンを見つけることができて，僕のいる寮でも夜食として人気がある。でも，これも調理法が違う。

　アメリカ人の中には「本物の」和食のほうがいいという人もいる。実際，かなりの数のアメリカ人が本物の和食がどんなものかを知っている。でも，多くの人は「アメリカ流」が実際的だと感じているようだし，出来上がった料理にも満足している。僕はそういう姿を心から尊敬している。

語句

come across 〜	熟	〜を偶然見つける

method	名	方法
ordinary	形	普通の
for *oneself*	熟	自分のために，自分で
turn out 〜	熟	〜であることが判明する
indeed	副	確かに
grill	動	〜をグリルで焼く
put 〜 on top	熟	〜を上にのせる
call 〜 ...	熟	〜を…と呼ぶ

refuse to *do*	熟	〜したがらない
pretty	副	とても，非常に

late-night snack	熟	夜食

in fact	熟	実際に
quite a few	熟	かなり多数の
seem to *do*	熟	〜する[である]らしい
find 〜 ...	熟	〜を…だと感じる
happy with 〜	熟	〜に満足して

解説

問1　★★☆☆☆

訳　この大学の食堂では，□16□。

① テリヤキチキンを作るために特別なソースが使われていた
② インスタントラーメンが夕食に提供されている
③ 本物の和食のほうが好まれている
④ 日本人学生の中にはテリヤキチキンを食べようとしなかった人もいる

解説

Keys for Search

設問文中の「大学の食堂」。

Areas for Search

設問が「大学の食堂」に限られているため，サーチエリアは Chicken Teriyaki 部分のみ。テリヤキの段落の第４文，put what they call "a teriyaki sauce" on top が根拠。正解は① である。直後の第５文には「日本人の中には…」と④ に関連すると思われる記述があるが，あくまで might refuse「呼ぶのを拒むかもしれない」（＝筆者の意見）であり，「食べるのを拒んだ学生もいる」と事実として書かれた④ は不正解。

問2　★★☆☆☆

訳　このブログから□17□ことがわかる。

① アメリカ人の大半はアメリカ風の和食に満足していない
② **寮に住む学生はスープなしのインスタントラーメンを食べている**
③ このブログの筆者は3か月前にアメリカに来た
④ このブログの筆者は食堂のテリヤキチキンをおいしいと思わなかった

解説

Keys for Search
① 「アメリカ風和食」，② 「ラーメン」，③ 「3 か月」，④ 「テリヤキの味」。

Areas for Search
全体。

① は本文の最後付近に many people seem to find "the American way" practical and are happy with the resulting dishes と書かれていることから不正解。ラーメンの段落に入り第2文で「調理法が違う」と書かれた次にイラストがある。このイラストが根拠となり，正解は②である。この問題ではイラストが正解判断に絡んでくることを知っておかなくてはならない。冒頭の It has been three weeks since I arrived in the United States. から③ は不正解。テリヤキの段落の最後付近にある it tasted pretty good から④ も不正解。

Column リーディング力アップのための Q&A ②

Q. 共通テストには文法の問題がありませんが，文法の勉強もやったほうがいいですか？

A. やらなければいけません。

☞ リーディング力を上げるために，受験生がまず取り組まなければならないことは，文法知識と語彙知識を頭に入れることです。共通テストで出題されないからといって，取り組まないという選択肢は，受験生にとってはあり得ません。「読みやすい参考書」と「基礎レベルで学習項目や問題形式のバランスがとれた問題集」を使って，基本事項をしっかりマスターしてください。

解　答

B

問 1	18	⑤
問 2	19	②
問 3	20	②

英文の訳

あなたはある「海外就労」に関するウェブサイトで以下の話を見つけました。

外履きの靴と内履きのスリッパ
サイトウ・リョウコ（英語教師）

　海外から日本を訪れる方々が覚えておかなくてはならない1つの重要なことは，日本人は人の家に入る前に必ず靴を脱ぐということです。しかし，イギリス出身の英語指導助手ケイト・ジョーンズが発見したように，レストランでの靴のルールはもう少し複雑なこともあります。ケイトは私たちの中学校に1年間赴任して英語を教えていました。新しい仕事を始めることに神経質になっていましたが，彼女は日本とイギリスの間にあるあらゆる文化の違いを知ることを楽しみにしていました。彼女は最初，あまり日本語がしゃべれなかったので少し心配でしたが，すぐに他の教師たちと友だちになり，生徒の間でもとても人気者になりました。

　彼女が日本に来て2週間ほどした頃，私たちの町の町長がケイトと私たちの学校の教師を歓迎会に招待してくれました。歓迎会は伝統的な和食店で開かれました。お店に着いたとき，私たちは靴を脱ぎ，みんなで背の低いテーブルに座りました。私たちはいろいろな伝統的な和食を楽しみ，ケイトはそれまで食べたことのなかった多くの料理を口にしました。食事中，ケイトは1人でトイレに立ちました。食事が終わったとき，町長はケイトが日本に来たことを歓迎するスピーチをしました。彼はそれからケイトに，立って自己紹介をするよう求めました。

　ケイトは立ち上がり，部屋の前へと歩いて行きました。突然，みんなが笑い出しました。ケイトは戸惑いました。町長はケイトの足元を指さし，「きみはトイレのスリッパをまだ履いているんだよ」と言いました。ケイトは自分の間違いが恥ずかしくなり，町長に謝りました。イギリスに帰ったあと，ケイトは私に，1年の間，言葉と文化の両方についてたくさんの間違いをしたけれど，その間違いと自分を助けてくれた親切な人々のおかげで，予想以上に日本について多くのことを学ぶことができた，と言いました。

語 句

第1段落

remove	動	～を脱ぐ
assistant	名	助手
complicated	形	複雑な
although	接	～だけれども
nervous	形	神経質な
be looking forward to ～		
熟 ～を楽しみにしている		
worried	形	心配して
at first	熟	最初は

第2段落

mayor	名	町[市／区]長
invite	動	～を招待する

welcome party	熟	歓迎会
traditional	形	伝統的な
meal	名	食事
be over	熟	～が終わる
introduce *oneself*	熟	自己紹介をする

第3段落

puzzled	形	当惑した
point at ～	熟	～を指さす
embarrassed	形	恥ずかしい
apologize	動	謝る
thanks to ～	熟	～のおかげで
expect	動	～を予想する

解 説

問1 ★★★☆☆

訳 この話によると，ケイトの気持ちは以下の順に変化した： 18

① 神経質→混乱→困惑→恥ずかしい→心配
② 神経質→恥ずかしい→混乱→申し訳ない→幸運
③ 神経質→恥ずかしい→申し訳ない→困惑→混乱
④ 神経質→申し訳ない→心配→困惑→混乱
⑤ **神経質→心配→混乱→恥ずかしい→申し訳ない**
⑥ 神経質→心配→幸運→困惑→混乱

📎 **問いのねらい** 「感情の変化」をもれなく読み取れるか？

解法のポイント

選択肢を，本文を読み進める際のナビゲーターとして利用しつつ，中心登場人物の感情の変化を正しく追いかける。選択肢に含まれる感情を示す表現はすべて，何らかの**動詞または形容詞**として本文中に現れることを念頭に置く。

「**選択肢で示される推移のうち最初から3番目まで**」を本文中で特定できれば作業は終了。

☞「最初から3番目まで」で解答できる！

（例）選択肢で示される感情を，【い】【ろ】【は】【に】【ほ】とすると…

1番目　➡　2番目　➡　3番目

6つの選択肢すべてが【い】でスタート

2つが【は】	┌ 片方が【ろ】
	└ もう片方が【ほ】
2つが【に】	┌ 片方が【は】
	└ もう片方が【ろ】

←本文中に先に出現するもので正解を絞る

↑本文中で先に出現するほうが正解候補

1つだけ【ろ】　➡不正解として除外
1つだけ【ほ】　➡不正解として除外

解説

Keys for Search

選択肢の「2番目」および「3番目」を整理する。

1番目　➡2番目　➡3番目

「神経質」➡
┌ 「恥ずかしい」=②, ③ ➡ ┌ 「混乱」=②
│ └ 「申し訳ない」=③
└ 「心配」=⑤, ⑥ ➡ ┌ 「混乱」=⑤
　　　　　　　　　　└ 「幸運」=⑥

①, ④ はどちらも2番目の感情が1つの選択肢にしかないため，「不正解になる」と考えてよい選択肢として除外できる。選択肢②, ③, ⑤, ⑥の4つに絞ってOK。

Areas for Search

「最初から順に」上の「変化」を追う。

スタートは nervous を確認すること。第1段落第3文にヒット（Kate had ... although she was nervous ....）。次に続く語の候補である embarrassed と worried を nervous 直後から検索。同段落第4文に worried がヒット（She was a little worried ....）。ここで正解候補は⑤, ⑥のいずれかに絞られる。

次に confused, lucky を検索。第2段落には該当なし，最終段落第3文に puzzled を発見（Kate was puzzled.）。最も近い意味を持つのが confused であることから，正解が⑤に決まる。

以降の確認は必要ないが，同段落第5文に embarrassed と apologized = sorry が連続して現れている（Kate was embarrassed ... and apologized ....）。

問2 ★★☆☆☆

訳 ケイトは日本に滞在中 [19] に興味があった。

① 生徒の間で人気者になること
② **日本とイギリスの文化の違いについて知ること**
③ 伝統的な和食の作り方を覚えること
④ 日本の靴のルールを覚えること

解 説

Keys for Search

設問文中の「ケイトは興味があった」。

Areas for Search

全体。

第1段落第3文中の she was looking forward to「楽しみにしていた」がキーにあたる。直後の目的語 discovering all the cultural differences between Japan and the UK が正解情報となり，② を選ぶ。

問3 ★★☆☆☆

訳 この話から，ケイトは [20] ことがわかる。

① 予想よりずっと長く日本に滞在した
② **自分の間違いゆえに日本について多くのことを学ぶことができたと思っている**
③ 日本語がうまく話せないので，学校でいつも1人だった
④ 町長からさよならパーティーに招待された

解 説

Keys for Search

①「長期滞在」，②「日本について多くのこと」，③「日本語」，④「パーティー」。

Areas for Search

全体。

① は本文中に記述なし。② は具体的なシーンについての選択肢ではなく「全体のまとめ」的位置づけであることから，最終段落をサーチ。最終文の she made many mistakes 以降の内容がこの選択肢に一致，正解となる。③ の did not speak good Japanese に関しては，第1段落最終文がヒットするが，直後に but she soon made friends with ... と続く点が③ と異なる。④ は，パーティーのシーンが第2段落第1文から始まることはすぐに思い出せるだろう。同文中の a welcome party を確認して不正解確定。

2nd

▶▶ 問題 別冊 P.24

解答

A

問1	16	③
問2	17	①

英文の訳

カナダで大学生活をスタートさせようとしている日本人交換留学生の女性が書いたブログで，以下のような記事を見つけました。

カナダのスーパー：おっきい！
8月28日（水）

　私は2日前，これからの大学生活期間中のわが家である寮に引っ越してきました。そして今日，ルームメイトのジェニー（以前のブログ記事参照）と一緒に日常生活に必要なものを買いにスーパーに行きました。

　カナダのスーパーを訪れるのは初めてでした。そして着くなり私は完全に圧倒されてしまいました。なんとまあ大きいこと！　それは文字どおり野球場ほどの大きさでした！　売っているものもまた大きいのです。例えば，牛乳は4リットルのボトルで売られ，牛肉は数キロのかたまり，スパゲティソースは2リットルの瓶に入って売っていました！　冷凍食品や缶詰も種類がすごく豊富で，その多くは見たことがないものでした。見て回るだけで本当に楽しかったです。スーパーで売ってるものって，人々の暮らしを反映していますからね。

　私たちは結局2時間近くお店にいました。ジェニーにはちょっと悪いなと思ったんですけど，彼女も楽しいと言ってくれました。だからよかったんじゃないかと。私たちはシャンプーと洗濯用洗剤と，それから練り歯磨きを買いました。

　寮の食堂が1日3食出してくれるので食べ物は必要なかったんですけど，ラベルが気に入ったのでとりあえず1つだけ買いました。ジェニーはなぜそんなものを飾りたがるのかと不思議がっています。

語句

literally	副 文字どおり		jar	名 広口瓶
chunk	名 かたまり		laundry	名 洗濯

| detergent | 名 洗剤 | toothpaste | 名 練り歯磨き |

問1 ★★☆☆☆

訳　このスーパーで，| 16 |。

① 日本で一般的な食品は売っていなかった
② 食品はたいてい少量で売られていた
③ **筆者は多くの種類の冷凍食品を見つけた**
④ 筆者は食料品だけを見つけた

解説

Keys for Search

①「日本で（一般的)」，②「少量」，③「冷凍食品」，④「食料品だけ」。

Areas for Search

「スーパーの描写」に集中。サーチエリアは第2段落。

① については記述がない。第2段落第5文，Milk ... was sold in 4-liter bottles, ... から② はアウト。そのすぐあと，第6文に There was also a large variety of frozen and canned foods とあり，これが根拠となって正解は③ である。④ は第3段落最終文に筆者がシャンプーや洗剤，練り歯磨きを買ったと書かれていることから誤りである。

問2 ★★☆☆☆

訳　このブログの筆者は | 17 | ことがわかる。

① **自分の部屋を飾りつけるものを買った**
② 朝食に食べるものを買った
③ スーパーに感動しなかった
④ カナダの人々の生活に興味がなかった

解説

Keys for Search

①「飾り」，②「食べ物」，③「感動」，④「興味」。

Areas for Search

第2段落全体から③ は不正解。同段落最終文，I really enjoyed looking around, because the things supermarkets sell reflect people's lives. から④ も不正解。最終段落から，「食べ物」は買ったものの，「食べるため」ではなく「飾るため」であることがわかる。従って② が不正解，同時に① が正解であることがわかる。

解答

B

問1	18	①
問2	19	④
問3	20	②

英文の訳

あなたは以下の話をブログ上で見つけました。

現金を贈り物にすること

イケダ・マリコ

　私は5か月前からアメリカで働いていますが，その間に一度もパーティーに出かけたことがありません。仕事で仲間と遠出したことは数回ありますが，バースデーパーティーや婚約パーティーや，そういうところには行ったことがないのです。だからこそ，同僚の結婚25周年記念のパーティーに出かけるのがすごく楽しみだったのです。

　私は日本から持ってきた「ご祝儀袋」という名の封筒にいくらか現金を包んでいくことにしました。私の経験では，ここの人々は私が日本から持ってきて分けてあげたものをたいてい喜んでくれたからです。

　私は，私の贈り物はきっと同僚と彼女の御主人に喜んでもらえるだろうと思っていたのですが，それを手渡したとき，2人は私が期待したようには反応してくれませんでした。ご祝儀袋を開くと，彼女たちは中に現金が入っているのを見て驚いているようでした。怒ってはいませんでしたが，少しどうしていいかわからないように見えました。私はそれを見てかなりがっかりして，同僚に自分がいけないことをしたのだろうかと尋ねました。彼女は，別にそんなことはないけれど，今まで贈り物として現金を受け取ったことなどなかったので，ただちょっと驚いたのだと言いました。それを聞いて私はちょっとホッとしました。

　あとになって，私はアメリカ人はあまり贈り物として現金を贈ったりしないのだと知りました。私が聞いた理由は，現金を贈るというのはあなたが相手をあまりよく知らないことを示すからだ，というものでした。つまり，相手の好みがわかっていれば，その通りに相手に贈り物を買えばいい，ということです。私はまた，アメリカでは現金よりもギフトカードのほうがいいのだということも知りました。どうやら，自分で決める前に何を贈ったらいいのか誰かに聞けばよかったようです。そんな間違いをしたのが恥ずかしくなって，私は謝るために同僚を探しました。贈り物をするというのはコミュニケーションをとるいい方法です。でも，贈られた人の気持ちを害することがないよう，贈り物を選ぶときには文化的背景を考慮しなければならないのです。

語 句

第1段落

outing	名	遠出，旅行
engagement	名	婚約
enthusiastic about~		
	熟	~に夢中になって
coworker	名	同僚

第3段落

hand over ~	熟	~を手渡す

respond	動	反応する
mind	動	いやがる
simply	副	単に
calm ~ down	熟	~を落ち着かせる

第4段落

appropriate	形	適切な
apparently	副	どうやら~らしい

解 説

問1　★★★☆☆

訳　この話によると，マリコの気持ちは以下の順に変化した： 18

① **ワクワク→自信がある→がっかり→安心→恥ずかしい**
② ワクワク→自信がある→恥ずかしい→がっかり→安心
③ ワクワク→がっかり→恥ずかしい→安心→自信がある
④ ワクワク→恥ずかしい→自信がある→がっかり→安心
⑤ ワクワク→安心→自信がある→がっかり→恥ずかしい
⑥ ワクワク→安心→恥ずかしい→自信がある→がっかり

解法のポイント

☞ 選択肢をあらかじめ整理してから本文を読む。本文中にて，選択肢で示される登場人物の「最初から3番目まで」の感情や行動の変化を正しく追う。

解 説

Keys for Search

```
  1番目      ➡ 2番目      ➡ 3番目
                        ┌「がっかり」= ①
              ┌「自信」  ➡┤
              │ = ①, ②   └「恥ずかしい」= ②
「ワクワク」➡┤
              │「安心」   ┌「自信」= ⑤
              └ = ⑤, ⑥  ➡┤
                         └「恥ずかしい」= ⑥
```

③，④ はあらかじめ除外して OK。

第1段落最終文の I was so enthusiastic が「ワクワク」であることを理解し，ここか

らサーチがスタートする。話の展開を素早く振り返りつつ，感情が描写された箇所を確認する。第3段落第1文 I felt very sure ＝「自信あり」，同段落第4文に I felt rather disappointed で「がっかり」，従って正解は①。その後は同段落最終文の That calmed me down が「安心」，そして最終段落第6文の I became embarrassed「恥ずかしくなった」で終了。

問2　★★☆☆☆

訳　マリコが贈った物は日本では普通のことと考えられただろうが，アメリカでは 19 と考えられてしまう。
　① 若者の間では一般的だ
　② 極めて無礼だ
　③ 結婚式だけのためのもの
　④ 普通ではない

解説

Keys for Search

①「若者」，②「無礼」，③「結婚式」，④「普通ではない」。

Areas for Search

全体。

①，②，③に関しては本文中に一切述べられていない。第3段落第5文，および最終段落第1～4文から④が正解。

問3　★★☆☆☆

訳　この話から，マリコは 20 ことがわかる。
　① 同僚が何が好きかがわからなかったので現金を贈ろうと決めた
　② 同僚が自分の贈り物を受け取ったとき戸惑いを見せるとは思っていなかった
　③ 結婚パーティーの贈り物に何を買えばいいか考えるのにたいてい苦労する
　④ これからは現金と一緒にギフトカードを贈る

解説

Keys for Search

①「決めた理由」，②「戸惑い」，③「いつも苦労」，④「ギフトカード」。

Areas for Search

全体。

「決めた理由」は第2段落最終文，In my experience people here usually enjoyed the things I shared from my home country。従って①は不正解。「贈った」シーンは第3段落第1文。同文後半，but when I handed it over they didn't respond the way I had hoped が決め手となり②が正解になる。③は本文中に述べられておらず，④については最終段落第4文に「アメリカでは現金よりもギフトカードのほうがよい」とあるだけでマリコ自身の話ではないため，ともに不正解。

1st

▶▶ 問題 別冊 P.28

解　答

問 1	21	④
問 2	22	②
問 3	23	④
問 4	24	⑤
	25	④
問 5	26	①

英文の訳

あなたは若者が自由な時間をどう過ごしているかについて調査をしています。以下の2つの記事を見つけました。

若者の自由時間の過ごし方

ジュリー・デイル

　アメリカの科学者グループによるある研究により，今日の若者は親の世代に比べて活動的に過ごす時間が少ないことがわかりました。運動は身体的健康にとってだけでなく，子供の精神的健康と情緒の発達にとっても重要です。友だちと屋外で身体を使って活動することが，子供の社会的発達に役立つのです。定期的に運動すれば体重増加をはじめとしたさまざまな関連ある健康問題を防ぐのに役立ち得ることはよく知られています。

　そのアメリカの調査によれば，2015年に子供たちが自由な時間に楽しむ活動として最も一般的だったのは，テレビを見たりコンピューターゲームをするなどの屋内での娯楽でした。下のグラフは，2015年に男子の100%，女子の99%が1週間の間にテレビか映画を見たことを示しています。対照的に，1985年には，テレビを見ていたのは男子の66%，女子の70%でした。1985年に最も一般的だった過ごし方は「外で遊ぶ」ことだったのです。グラフはまた，さまざまな活動の間での男女差も示しています。女子は読書や芸術的な活動に費やす時間が長いのに対して，男子はコンピューターゲームをしたり自転車に乗ったりするほうが好きなのです。

グラフ：5歳〜16歳の子供たちが自由な時間に何をしているか（2015年）

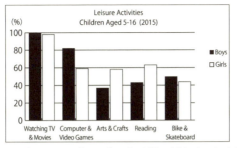

1985年には，コンピューターゲームをした子供の割合はほとんどゼロでした。一方で，80%を超える男子と70%近くの女子が自転車やスケートボードで遊んでいました。

　私は，今日の子供たちが屋外で身体を動かす時間が短いのは，屋内で楽しめるおもしろいことがもっとたくさんあるからだ，と考えています。1980年代にはコンピューターがある家庭は稀でしたし，テレビゲームは一般的ではありませんでした。テレビのチャンネルも今より少なく，おもしろい映画を見られる機会も少なかったので，子供たちは外で遊んで楽しんでいたのです。私は，子供が画面を眺める時間を親が制限して，健康のためにもっと外で過ごすように促してやることが重要だと思います。

「若者の自由時間の過ごし方」についての意見　　　　　　　　　　　M. K.

2016年8月

　小学校の教師として，私は30年の経歴の中で，何百人もの子供たちを教えてきました。子供が自由な時間に行うことについての調査を目にし，悲しくなりましたが，驚きはありませんでした。近年，私は子供たちが前の晩に遅くまでテレビを見たりコンピューターで遊んだりしたために疲れた様子で学校に登校しており，それが子供たちの集中力に悪影響を与えていることに気づいていました。最近の子供たちは20年前や30年前の子供たちに比べて外で遊ぶ時間が短く，体育の授業ではスタミナも力も弱いことを目にしてきました。10代の子供がソーシャル・メディア・ネットワークに長い時間を費やし，それが，いつも友だちとつながっていなくてはならないというプレッシャーゆえ，彼らにストレスを感じさせている様子も目にしてきました。

　もっと多くの子供たち，親たちが，屋外での時間を運動や身体を使った活動を楽しむのに費やすことの利点を理解する必要があります。私は子供に十分な運動をさせてやることは親の責任だと信じています。親はコンピューターやスマートフォンに向き合って過ごす時間を制限し，子供たちに十分な休息をしっかりとらせるべきでもある

と思います。

　もちろん，子供たちがコンピューターの使い方を理解することは重要です。コンピューターは価値ある学習ツールになり得ます。しかし，幼い子供にとって，友だちと外で遊んだり身体を動かしたりして過ごすほうが，発達と健康にとってより重要なことなのです。

語　句

英文1　第1段落

spend time *doing*	熟	～して時間を過ごす
physical	形	身体の
mental	形	精神の
emotional	形	感情の
take part in ～	熟	～に参加する
regular exercise	熟	規則的な運動
prevent	動	～を防ぐ
gain	名	増加

英文1　第2段落

pursuit	名	娯楽
in contrast	熟	対照的に
gender gap	熟	性別による差
prefer	動	～のほうを好む

英文1　第3段落

respectively	副	それぞれ

英文1　第4段落

uncommon	形	一般的でない
have access to ～	熟	～を利用する機会［方法］を持つ
entertain *one*self	熟	自ら楽しむ
limit	動	～を制限する

screen time	熟	画面の前にいる［を眺めている］時間
encourage ～ to *do*	熟	～に…するように促す

英文2　第1段落

regarding	前	～に関して
notice	動	～に気づく
tired from *doing*	熟	～して疲れている
stay up late	熟	夜更かしをする
concentration	名	集中力
nowadays	副	今日
P.E. (physical education)	名	体育
stressed	形	ストレスが溜まっている
in contact with ～	熟	～と連絡をとっている
all of the time	熟	いつも

英文2　第2段落

benefit	名	利点
ensure	動	～を確実にする

英文2　第3段落

valuable	形	価値のある

解　説

問1　★★☆☆☆

訳　ジュリー・デイルも教師も　21　に言及していない。

① コンピューターは学習に役立ち得るということ

② 身体を動かすことは健康にとって重要だということ

③ 屋外で過ごす利点

④ 芸術工芸の活動の重要性

解 説

Keys for Search

①「コンピューター＝プラス」，②「運動＝プラス」，③「屋外＝プラス」，④「芸術工芸＝プラス」のイメージがキー。

Areas for Search

2人のオピニオン全体。

Julie Dale のオピニオン:

第1段落で②と③がヒット。第2段落では最終文で art と computer gaming が現れるものの「重要性」というプラスの側面が述べられているわけではないため該当なし。第3段落で②と③がヒット。第4段落最終文で再度③がヒット。

M.K. のオピニオン:

第1段落該当なし，第2段落に入り第1文で②と③が同時にヒット。最終第3段落では第1，2文で①が初ヒットするのに続き，最終文で②と③が連続ヒット。以上の結果から，2人とも言及していないのは④。

問2　★★☆☆☆

訳　この教師が子供たちにとって最も有益だろうと思っているのはグラフのどの余暇活動か。　22

① 芸術工芸　　　② **自転車とスケートボード**

③ 体育の授業　　④ ソーシャル・ネットワーク・サービス

解 説

Keys for Search

選択肢に使われている名詞。

Areas for Search

M.K. のオピニオンとグラフ。

①については触れていない。③はこの教師の授業内容として挙がっているが余暇活動ではなくグラフにもない。④については第1段落第5文に spend a lot of time on social media networks and this is making them feel stressed と否定的な考えが述べられており，グラフにもこの数値はない。②への直接的な言及はないが，第2段落第1・2文で「屋外で体を使って過ごす活動の有益さ」が述べられており，グラフ中の Bike & Skateboard が該当する。正解は②。

問3　★★★☆☆

訳　記事によると，身体を使った活動は若い人々の　23　に利点がある。（正しい答えの組み合わせを選びなさい。）

A　プレッシャーに対処する能力

B　精神の健康

C　身体の健康

D　読む力

解説

Keys for Search

設問文から「運動＝プラス」。

Areas for Search

問1より，「運動＝プラス」が言及されていたのは Julie Dale のオピニオン第1段落と M.K. のオピニオン第2，3段落。

Julie Dale は第1段落第2文で not only for physical health but for children's mental health and emotional development と述べていることから B と C は確実に当てはまる。M.K. は for their development and health 以上のことは述べていないため，C のみが該当。従って正解は B と C を含む④。

問4　★★★☆☆

訳　ジュリー・デイルは若者は　24　と述べ，教師は彼らは　25　と述べている。（それぞれの空所に異なる選択肢を選びなさい）

① 外で遊びたいと思う

② 工芸活動にもっと時間をかけるべきだ

③ 教育的理由から読書の時間を多くすべきだ

④ ソーシャルメディアに時間をかけすぎだ　　　　　　　　　　　25

⑤ 身体を動かすよりも屋内での活動のほうがおもしろいと思っている　24

解説

Keys for Search

①「室内より外！」，②「もっと craft を！」，③「もっと reading を！」，④「social media 多すぎ！」，⑤「運動より室内！」。

Areas for Search

2人のオピニオン全体。

Julie Dale のオピニオン：

第1段落該当なし，第2段落第1文の the most common leisure activities for children in 2015 were indoor pursuits such as watching TV and playing computer games から⑤ が近いと当たりをつける。第3段落該当なし，最終段落第1文の children today spend less time exercising outdoors because there are more interesting activities to enjoy indoors が決定的となって，　24　は⑤ が正解。

60

M.K. のオピニオン:

第 1 段落最終文の teenagers spend a lot of time on social media networks and this is making them feel stressed ... が④ を暗示？　第 2 段落最終文の they should also limit the time spent on computers and smartphones ... もやはり④ と合致。最終段落に該当がないことを確認して ☐25☐ には④ とわかる。

問 5　★★★★☆

訳　この記事の情報に基づき，あなたはクラスで発表を行うつもりだ。あなたの発表に最もふさわしいタイトルは ☐26☐ だろう。

① 身体を動かすことを毎日の生活の一部にしよう
② 十分な睡眠をとることの重要性
③ 1980 年以降の若者の身体を動かす活動の増加
④ ゲームの悪影響

> 📎 **問いのねらい**　**文章全体の要旨が把握できているか**
>
> **解法のポイント**
>
> 全文要約は，2 段階の作業を通じて「本文が全体を通して言いたいこと」をまとめる。
>
> まずは**段落ごとの概略をつかみ**（= sketch「スケッチ」という），**その後すべてを「一言」レベルにまで圧縮**する。
>
> あらかじめ選択肢を把握しておくとそれがヒントとなり作業が速くなることも知っておくべきポイント。
>
> ☞ **「全文要約」の基本手順**
>
> ①各段落の内容を 20 字程度で**スケッチ**する。
>
> > 段落の「最初」と「最後」の内容を特に意識しつつ，
> > 全体を通して述べられている内容を「簡単にまとめる」。
> > 字数はあくまで目安。
>
> ②すべてを統合し，一言レベル（20 字程度）にまで圧縮する。

解説

各段落を [Sketch] する。

Julie Dale：

第1段落「**運動は大事**なのに最近の若者は昔の若者ほど運動しない」

第2段落「最近の子供は屋内での活動を好む」

第3段落「昔はコンピューターゲームで遊ぶ子供はほぼいなかった。子供は外で遊んでいた」

最終段落「画面を眺める時間を減らして**もっと外で遊ぶべき**」

M.K.：

第1段落「最近の子供は**外で遊ばない**ので**体力や精神面に問題がある**」

第2段落「大人も子供も外で**身体を動かすことの大切さを理解するべき**」

最終段落「コンピューターもいいけど，**運動はもっと大事**」

[In Short] 全体を「一言レベル」に。

要旨は「子供たちよ，もっと外で身体を動かそう！」である。正解は①。

Column リーディング力アップのための Q&A ③

Q. 「読めている」と思っても問題を間違えます。どうすればいいですか？

A. 正しく読めていません。正しく読めるようになるための訓練をしましょう。

☞これは，ほとんどの受験生が多かれ少なかれ抱えている悩みです。一言で言ってしまうと身もふたもありませんが，「正しく読めていない」から問題を解くと間違えるのです。ほとんどの場合，「**この文はこういう意味だと思い込み，解釈を間違えたまま軌道修正できない**」ことが原因です。

こうした悪い癖をなくし正しく読めるようになるために，やることは1つだけです。「和訳を書く」ことです。難しい文章である必要はありません。高校の教科書でOK。1文ずつていねいに和訳を書いて意味を確かめましょう。この作業が一定量に達したときに，この悩みは解消されます。

▶▶ 問題 別冊 P.32

解答

問1	21	④
問2	22	①
問3	23	⑥
問4	24	①
	25	③
問5	26	①

英文の訳

あなたは食べ物を育てることについて調査をしています。以下の2つの記事を見つけました。

パーソナルガーデンとコミュニティガーデン

ニコール・ゴンザレス
2019年2月

　現代世界では，農業で生計を立てている人は以前のどの時代と比べても少ないのです。実際，ほとんどの人は自分が食べている食料が生産されている場所の近くで暮らしてすらいません。人々は農場から遠く離れて暮らし，食料品店に行ったときしか農産物や肉を目にすることがないのです。こうした状況の中で，中にはこうした流れに逆らって自分が食べるもののせめて少しだけでも自分で育てたいと考えている人々もいます。彼らは家のガーデンで野菜を育てたり，自分の土地で小動物を育てたりしてそれを実践してきました。ときにはそうではなく，同じコミュニティの人々と協力してより大きな共同ガーデンを作ることもあります。

　こうしたガーデンを作る理由はいくつもあります。ほとんどの人が，ただ単純に趣味としてやっていたり，食べている食品全般と自分がよりつながっていると感じさせてくれる行為だと考えています。自分が住んでいるところでは料理に使うある種の野菜が手に入らず，その野菜をいつでも用意しておきたいと考える人もいます。店で買うよりも自分で育てたほうが経済的な植物もあります。

　5か国で行われたある調査によると，この行為にはいくつかのパターンがあります。一般に，個人のホームガーデンのほうがコミュニティガーデンよりも受け入れられています。ホームガーデンは，人口の密集度合いが低い国で最も普及しています。こうした国では，人々がガーデンに植物を植えられるだけの大きな家に暮らしています。

さらに，ホームガーデンは人口密度の高い国でもコミュニティガーデンより一般的です。コミュニティガーデンのほうが（ホームガーデンよりも）普及しているのは，人口密度が中程度の国だけです。1つには，人口密度が低ければ，コミュニティガーデンを運営するのに十分な人々がいないかもしれません。もう1つには，人口密度があまりに高いとコミュニティガーデンを作るのには土地が足りないのです。

グラフ：ホームガーデンまたはコミュニティガーデンを利用する人口の割合

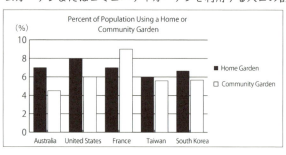

「パーソナルガーデンとコミュニティガーデン」についての意見

ダニエル・ポッター

2019年3月

　ゴンザレスさんの記事に取り上げられていたコミュニティガーデンの話題を見て嬉しくなりました。コミュニティのためにガーデンを作って，いとわず参加する人を見つけるのは，ときとして大変なこともあるでしょう。自分が食べるものを店で買った経験しかない多くの人々には，何がいいのか理解できません。この国では人口の5%未満しかコミュニティガーデンを利用していません。大抵の人はコミュニティガーデンがもう1つの選択肢であるとは考えていません。けれども，時間をとってやってみる人々は必ず自分の働きの結果に満足しています。

　公共のガーデンのいくつかの優れた点のうち最も重要なものは，コミュニティガーデンによってコミュニティ意識が強くなり，知識の共有が進むということです。同じガーデンで作業をする人々はお互いに支えあい，お互いが腕を上げられるよう助け合います。それによって栽培する食べ物の量が増え，自分の食料をがさらに効率よく，経済的に育てられるようにもなるのです。

　自分の食べ物を自分で育てることで，料理をするとき，人はより創造力に富み，無駄を出さないようになります。多くの人々はただレシピを調べて，料理をする直前にその材料を買うだけです。レシピにある量よりも多く買ってしまえば，あまりは結局，捨てることになりかねません。でも，もし同じ種類の野菜を大量に育てたら，あなたはその材料をなんとかしようとあれこれ考えざるを得なくなるでしょう。こうして，料理をするとき，それまでよりも創造力と工夫に富んだ人になり始めるのです。

語句

英文1 第1段落

farming	名	農業
grocery store	熟	食料品店
push back against ～	熟	～に反対する

英文1 第2段落

hobby	名	趣味
feel connected with ～	熟	～とつながっていると感じる
in general	熟	一般に，～全体[全般]

英文1 第3段落

dense	形	密集した
plant ～ in	熟	～に植物を植える
populated	形	人の住む
medium	形	中くらいの

英文2 第1段落

bring up ～	熟	～を話題にする

be hard to do	熟	～するのが困難だ
set up ～	熟	～を作る
(be) willing to do	熟	～するのをいとわない
shop for ～	熟	～を買いに行く
take (the) time to do	熟	～するために時間を取る[割く]

英文2 第2段落

sense of ～	熟	～という感覚
foster	動	～を促進する
efficient	形	能率的な

英文2 第3段落

look up ～	熟	～を調べる
ingredient	名	材料
leftover	名	残り物
plan around ～	熟	～について考える
resourceful	形	対処の仕方のうまい

解説

問1 ★★☆☆☆

訳 ニコール・ゴンザレスもダニエル・ポッターも 21 に言及していない。

① 食べ物を育てている人々の数の変化
② 人口密度がどのように（自家栽培できる）庭づくりに影響を与えているか
③ コミュニティガーデンを始める際の難しさ
④ **自家栽培の野菜の栄養価**

解説

Keys for Search

①「育てる人の数」，②「人口密度の影響」，③「始める難しさ」，④「栄養価」がキー。

Areas for Search

2人のオピニオン全体。

Nicole Gonzales のオピニオン：

第1段落第1文に①ヒット。第2段落該当なし。最終段落第3～8文に②がヒット。

Daniel Potter のオピニオン：

第1段落第2文以降に③がヒット。第2，最終段落はいずれも該当なし。以上の結果から，2人とも言及していないのは④である。

問2 ★★☆☆☆

訳 ダニエル・ポッターは 22 出身である。

① **オーストラリア**　　② フランス　　③ 台湾　　④ アメリカ合衆国

Keys for Search

「国を意味する表現」と「グラフに関係する情報」。

Areas for Search

Daniel Potter のオピニオン:

第 1 段落第 4 文に, In this country, less than five percent of people use a community garden. とある。グラフから, コミュニティガーデン利用者が 5 % 未満の国は, 選択肢の中ではオーストラリアだけ。従って正解は① になる。

問 3 ★★★★☆

[訳] 記事によると, ホームガーデンとコミュニティガーデンは [23] ことができる。(正しい答えの組み合わせを選びなさい。)

　A 農薬の使用を減らす　　　　　　B 農産物の輸出量を増やす

　C コミュニティのかかわりを増やす　D 食費を減らす

解 説

Keys for Search

各記述の中心である, A「農薬使用」, B「輸出量」, C「コミュニティとのかかわり」, D「食費」がキー。

Areas for Search　　2 人のオピニオン全体。

Nicole Gonzales のオピニオン:

第 1 段落該当なし。第 2 段落最終文 Some plants are more economical to grow yourself instead of buying them from a store. に D がヒット。最終段落該当なし。

Daniel Potter のオピニオン:

第 1 段落該当なし。第 2 段落第 1 文, the sense of community and shared knowledge that a community garden fosters で C がヒット, さらに第 2 文も同じ話題が続いたあと, 最終文で This increases the amount of food grown and makes growing your own food even more efficient and economical. と再び D がヒットする。最終段落は該当なし。以上から, 正解は C と D を含む⑥ である。

問 4 ★★★☆☆

[訳] ニコール・ゴンザレスはホームガーデンとコミュニティガーデンは [24] と述べ, ダニエル・ポッターは [25] と述べている。(それぞれの空所に異なる選択肢を選びなさい)

① なかなか手に入らない農産物を入手するための 1 つの方法だ　　[24]

② フラワーガーデンよりもずっと一般的だ

③ 人々の料理の仕方を改善する　　　　　　　　　　　　　　　　[25]

④ 大きな芝生の庭よりも水の使用量が少ない

⑤ 輸送の利便性が高い地域のほうが (そうでない地域よりも) ずっと普及していた

[解説]

▌Keys for Search ▌
① 「レアな農産物」，② 「フラワーガーデン」，③ 「料理」，④ 「水の使用量」，⑤ 「輸送利便性」。

▌Areas for Search ▌　 2 人のオピニオン全体。

Nicole Gonzales のオピニオン：

第 1 段落該当なし，第 2 段落第 3 文 Some people can't find a particular vegetable they enjoy cooking with where they live and want a ready supply. が① に一致することがわかる。最終段落該当なしで 24 は① が正解。

Daniel Potter のオピニオン：

第 1，第 2 段落該当なし。最終段落の第 4，および最終文 ... you plan around that ingredient. You start ... when cooking. が示すのは③ である。したがって 25 には③ が入る。

問 5　★★★★☆

[訳]　両方の記事の情報を利用して，あなたは宿題のレポートを書くつもりだ。あなたのレポートに最もふさわしいタイトルは 26 だろう。
① 自分の食べ物を育てる利点と理由　　② 料理に使用される材料の変化
③ ホームガーデンで育てるのに最適な植物　④ 最高においしい野菜を育てる秘訣（けつ）

▌解法のポイント▌

☞ 全文要約作業は 2 段階で行う。
　①段落ごとの内容を「スケッチ」（概略をつかむ）
　②すべてのスケッチを「一言レベル」に圧縮。

[解説]

各段落を ▌　　Sketch　　▌ する。

Nicole Gonzales：
　第 1 段落「今でも**自分の食べ物を育てよう**とする人々がいる」
　第 2 段落「自分で食べ物を育てる**理由はいろいろ**」
　最終段落「どんなガーデンが多いかは人口密度が関係」

Daniel Potter：
　第 1 段落「最初は大変かも，でもやってみるとみんな**満足**」
　第 2 段落「コミュニティガーデンには**さまざまなメリット**」
　最終段落「自分で食べ物を育てれば料理も**ずっとよいものに**」

▌　In Short　▌ 全体を「一言レベル」に。

「食べ物を育てる理由はいろいろだが，メリットは大」が要旨だから正解は①。

第5章 物語・史実

1st

▶ 問題 別冊 P.36

解答

問1	27	②	28	③	29	④	30	①	31	⑤
問2	32	③								
問3	33	①								
問4	34	⑤								

英文の訳

あなたのグループは「科学を永遠に変えた人物」というタイトルのポスター発表に向け，下の雑誌記事から得た情報を用いて準備をしています。

　イギリスの博物学者であり生物学者であったチャールズ・ロバート・ダーウィンは，1859年に著書『種の起源』を発表したとき，私たちの自然界に関する理解の仕方を変えました。この革命的書物の中で，彼はすべての生物は共通の祖先から自然選択の過程を通して進化したという説を唱えたのです。ダーウィンの進化論は今では世界中の科学コミュニティに広く受け入れられています。

　チャールズ・ダーウィンは1809年2月12日，イングランドのシュルーズベリーに生まれました。子供のとき，彼は博物学に深い興味を示していましたが，医師である父親に，自分にならって医学の道へと進むよう促されました。チャールズ・ダーウィンは1825年，医学部の学生としてエジンバラ大学に入学しましたが，間もなくして自分の勉強に退屈するようになりました。その代わり，彼は自分の有り余るほどの自由時間を使って，大学で出会った専門家たちから動植物について学んだのでした。彼が最初に進化という概念に出会ったのはエジンバラ大学でのことだったのです。

　父親の望みに従って，ダーウィンはケンブリッジ大学に移りました。そしてそこを1831年に卒業した後，チャールズ・ダーウィンはHMSビーグル号に乗って南アメリカ遠征に参加しました。5年にわたる遠征中，ダーウィンは南アメリカのさまざまな国々を訪れました。どの国でも，彼はすべての生きものが共通の祖先から出ているという強力な証拠を提供するようなその国独特の生物と化石を見つけました。1835年9月，ビーグル号はガラパゴス諸島に到着しました。ダーウィンはこの島々で，隣のチリで見つけたものに似てはいるものの，その体や行動に新たな変化をともなった新種の鳥を数多く発見したのです。彼はそれぞれの島がその環境に完璧に適応した独自の種を持っていることに注目しました。これらの変化は何世代もかかってゆっく

りと起こったもので，この発見は自然選択がいかにして新種を産みだしたかについてのダーウィンの新たな考えを補強するものでした。

　イギリスに帰国する前，HMS ビーグル号はオーストラリアに停泊しました。そこで，ダーウィンはカンガルーやコアラのような珍しい動物を観察しました。彼はさまざまな相違点を観察し，それは彼が種の起源についての理論を構築することに再び役立ったのでした。

　1836 年にイギリスに帰国すると，ダーウィンはすぐに遠征で集めた化石と骨を整理する作業を始めました。彼は自分が集めた化石は，いまだ南アメリカに生息している生物と異なりはするもののよく似ていることに気づきました。それは種が進化できるという証拠を示していました。その後 20 年間，ダーウィンは研究論文を世に出し，発表を行い，新種の起源に関する著作に取り組み続けました。彼はビーグル号での航海で行った観察についても記し，自らが集めた化石を証拠として使いました。チャールズ・ダーウィンの著書『種の起源』は 1859 年 11 月 24 日に発売されました。著書の最後で，人間もまた，彼が観察してきた他の生物と同様に進化したとダーウィンは推測しました。これは当時としては過激な示唆でした。彼の著書の評価は分かれました。というのは，多くの人々は人間が動物と関係があるということを信じたがらず，英国国教会は彼の考えは神の原則に反すると主張したからです。しかしながら，当時の科学者や思想家たちは，新しい種が進化する方法の１つは自然選択であるという考えでダーウィンと一致していました。自然選択は今日なお世界中で，科学の授業で教えられています。

科学を永遠に変えた人物
●チャールズ・ロバート・ダーウィンの生涯

期間	出来事
1810 年代	イングランド，シュルーズベリーで子供時代を過ごした。
1820 年代	27
1830 年代以降	28 → 29 → 30 → 31

●『種の起源』について

◆1859 年 11 月 24 日初版発行。
◆この本は以下の理由で評価が分かれた： 32

●ダーウィンが私たちに教えたこと

◆種は 33 ことができる。
◆自然選択は 34 。

第1段落

naturalist	名	博物学者
biologist	名	生物学者
origin	名	起源
species	名	種
revolutionary	形	革命的な
propose	動	～を提唱する
living	形	生きている
creature	名	生き物
evolve from ～	熟	～から進化する
ancestor	名	祖先
natural selection	熟	自然選択[淘汰]
theory	名	理論
evolution	名	進化

第2段落

follow	動	～に従う
medicine	名	医学
instead	副	代わりに

第3段落

expedition	名	遠征
on board	熟	～に乗って
unique	形	独特の

wildlife	名	野生生物
fossil	名	化石
evidence	名	証拠
similar to ～	熟	～に似た
neighboring	形	隣の
note	動	～に注目する
contain	動	～を含む
adapt to ～	熟	～に適応する

第4段落

observe	動	～を観察する

第5段落

organize	動	～を整理する
presentation	名	発表
work on ～	熟	～に取り組む
(go) on sale	熟	売りに出る
radical	形	過激な
review	名	評価
as	接	～なので
be related to ～	熟	～と関連がある
argue	動	～と主張する
thinker	名	思想家
at that time	熟	当時

解 説

問1 ★★★★☆

訳 あなたのグループのメンバーがダーウィンの生涯の重要な出来事をリストアップしました。それらの出来事を起きた順に空所 | 27 | ～ | 31 | に入れなさい。

① ダーウィンは遠征中に採取した化石や骨を整理し調査した。 | 30 |
② ダーウィンはエジンバラとケンブリッジの大学で学んだ。 | 27 |
③ ダーウィンは HMS ビーグル号で南アメリカを訪れた。 | 28 |
④ ダーウィンはガラパゴス諸島を訪れた。 | 29 |
⑤ ダーウィンの著書『種の起源』が出版された。 | 31 |

📎 **問いのねらい**　複数の情報を効率よく見つけ出すことができるか

解法のポイント

本文が長い場合や，本文中で述べられている出来事を読み取る場合は，選択肢から設定した複数の**検索キーを「一斉に」サーチする**ことで解答作業の効率が大きくアップする。

☞ **出来事の整理整頓に便利な〈一斉サーチ〉のイメージ**

まずは，すべての選択肢を把握する

選択肢：①Aした　②Bした　③Cした　④Dした　⑤Eした　⑥Fした

次に，すべての検索キーを本文の「始めから」「一斉に」検索する。

第1段落　1つも該当なし。

第2段落　　　　　　…D が起きた。…

第3段落　　　　　　　　…F を引き起こす引き金になった。…

第4段落　1つも該当なし。

第5段落　…続いたのが A であった。…

　　　⋮

本文中でヒットした検索キーの前後の内容と選択肢の内容とを照らし合わせる。これを最終段落まで行う。

解 説

Keys for Search

すべての選択肢を確認して検索キーを把握する。

①「化石・骨を整理＆調査」，②「エジンバラ大・ケンブリッジ大」，③「HMS ビーグル」，④「ガラパゴス諸島」，⑤「『種の起源』出版」。

Areas for Search

「始めから」「一斉に」検索する。

第 1 段落　he published his book *On the Origin of Species*

第 2 段落　Edinburgh University　　　　　　　　(②)

第 3 段落　Cambridge University　　　　　　　　(②)

　　　　　➡ HMS Beagle (South America) (③) ➡ Galapagos Islands (④)

第 4 段落　該当なし

第 5 段落　organizing the fossils and bones　　　(①)

　　　　　➡ *On the Origin of Species* went on sale　(⑤)

以上より，正解は　27　が②，　28　が③，　29　が④，　30　が①，　31　が⑤。

問2　★★★★☆

訳　文を完成させるのに最も適切な記述を選びなさい。（正しい答えの組み合わせを選びなさい。）　32

　A　科学者は自然選択の概念に反対する主張をした。

　B　この本は神がさまざまな種を今日の姿で創造したという考えに反する主張をした。

　C　この本には進化の証拠はほとんど載っていなかった。

　D　この本は，人間もまた自然選択を経て進化したことを示唆した。

　E　自然選択の概念は難しすぎて人々には理解できなかった。

　F　国教会の中の過激な一派がこの本の出版を阻止しようとした。

解説

Keys for Search

A「科学者は反対」，B「神の創造に反論する」，C「進化の証拠なし」，D「類人猿からヒトへ」，E「難しすぎる」，F「国教会が本の出版を阻止」。

Areas for Search

すべて *On the Origin of Species* に関することなので，対象は第1段落と第5段落。

第1段落第2文 In that revolutionary book, he proposed that all living creatures evolved from a common ancestor, 第5段落第6文 At the end of the book, he suggested that humans also evolved in the same way as the other living creatures he had observed. より D が正しい。

第5段落第4文に used the fossils he collected as evidence とあることから C が不適。第8文の the Anglican Church argued that his ideas broke God's rules から B は正しい。続く第9文, scientists and thinkers at that time agreed with Darwin で A が不適。E，F は記述なし。正解は B と D の2つを含む③ である。

問3　★★★☆☆

訳　以下のうちどれが文を完成させるか。　33

　① 周囲の環境に適応する

　② 環境に適応するのではなく環境を変化させる

　③ 最終的に人間に進化する

　④ 素早く新種に進化する

解説

Keys for Search

①「環境に適応」，②「環境を変化させる」，③「すべてがヒトに」，④「素早く進化」。

Areas for Search

ダーウィンが species を観察した第3段落以降。

第3段落第5～7文, but with new changes to their body and behavior. He noted that each island contained unique species perfectly adapted to their environment.　These changes slowly occurred over many generations の部分が

すべて当てはまる。特に，第6文 perfectly adapted to their environment が決め手となって①が正解となる。これが同時に②を否定し，続く第7文の slowly occurred から④も不正解だとわかる。③は本文に述べられていない。

問4　★★★★☆

訳　文を完成させるのに最も適切な記述を選びなさい。（正しい答えの組み合わせを選びなさい。）　34

A　ダーウィンによって発明されたプロセス
B　なぜダーウィンの考えが誤りであったのかを説明する方法の１つ
C　今日では科学者にもはや信じられていない古い理論
D　種がどう進化するかを説明する主要な理論の１つ
E　さまざまな環境が独自の種を持つ理由の１つ
F　サルが人間になるプロセス

解説

Keys for Search

問題文の空所　34　直前の natural selection。各選択肢からキーを拾うよりはるかに効率がいい。➡ B と C は問１〜３の解答作業から「あり得ない」。削除OK。

Areas for Search

全体。

最初にヒットするのは第１段落第２文。he proposed that all living creatures evolved from a common ancestor, through the process of natural selection で A が絡むが，この文は「自然選択＝ダーウィンの発明」を意味していない。従って A は不適。
次のヒットは第３段落最終文，this discovery supported Darwin's new ideas about how natural selection created new species だが，主語の this discovery が表すのは，直前文の each island contained 以降，「どの島にも島の環境に完全に適応した独自の種がいることの発見」であり，最終文と合わせて考えると，「どの島にも固有の種がいることの発見は自然選択による進化の考えをサポートするものだった」，つまり「自然選択ゆえに固有の種が存在する」ということになるので，E が正しい。さらに，先の第１段落第２文とこの第３段落最終文から，「自然選択がダーウィンの進化論の中心的理論」であることがわかる。以上より，D が正しいと判断できる。F については述べられていない。正解は D と E の２つを含む⑤。

2nd

▶▶ 問題 別冊 P.40

解答

問1	27	②	28	④	29	①	30	③	31	⑤
問2	32	⑤								
問3	33	②								
問4	34	①								

英文の訳

あなたのグループは「コンビニエンスストアを発明した会社」というタイトルのポスター発表に向け，下の雑誌記事から得た情報を用いて準備をしています。

コンビニエンスストアの歴史

　コンビニエンスストアは今日どこにでも見られますが，その発明は比較的最近のことです。コンビニエンスストアの営業が始まって以来，まだ100年にも満たないのです。初期のコンビニ店舗は，私たちが今日コンビニに期待する特徴のすべてを備えていたわけではないのです。例えば，当時の店舗は1日24時間営業ではありませんでした。当初から，深夜営業はコンビニエンスストアの重要な要素であったにもかかわらずです。

　世界初のコンビニは1927年，アメリカのテキサス州ダラスにオープンしました。ジェファーソン・グリーンという名の男性によって開設され，サウスランド・アイス・カンパニーという名前でした。当初からコンビニとして営業していたわけではなく，初めは食べ物を冷やすために使う氷の塊を買うための店でした。この店は食料品店が閉店したあとも営業をしていたため，グリーンは人々がしばしば深夜に必要なものを買えないでいることに気づきました。彼は客が卵や牛乳などを深夜に買うという選択肢を手にできるよう，ごく日常的な食品を低価格で売り始めることにしたのです。

　その後の数十年で，会社はテキサス州全土，さらにはアメリカ全土で多くの店舗をオープンしました。店舗は午前7時から午後11時まで営業し続けたことから，1946年に社名をセブン－イレブンに変更しました。多くの店舗が24時間営業に移行しても，社名は変えませんでした。最初に夜通し営業をした店舗は，たまたまそうなったにすぎませんでした。テキサス州オースティン市で，大学のフットボールチームが試合に勝利し，試合後，多くのファンや学生が近くのセブン－イレブンに行きました。来店客があまりに多かったため，店を閉めることができませんでした。人々は夜通し，翌朝まで店にいたのです。その夜が大きな成功となったため，会社は一晩中営業する

74

ための店舗をオープンすることにしたのです。彼らは1963年，最初の24時間営業店に適した場所をラスベガスに見つけました。多くの人々が一晩中ギャンブルとパーティーを楽しんでおり，ラスベガスは24時間営業にピッタリでした。それから間もなく，大半の店舗が1日24時間というスケジュールを採用したのでした。

1966年までに，コンビニ産業は売上高10億ドルを達成しました。コンビニが人気を得た主な理由の1つに，アメリカ全土に整備された新しい全米幹線道路網があります。それまで以上に多くの人々が国中を車で移動するようになり，そうした旅行者の必需品を提供できる小規模な店への需要が高まったのです。これらの店の多くはガソリンスタンドも併設していました。工場で遅くまで働く人々や，従業員を遅い時間まで就労させる職場で働く人々も増加しました。今や数を増やしていた働く女性達も含めて，こうした人々は帰宅途中にさまざまな商品を買うことができるようになったことをとても喜びました。

この成功ののち，アメリカのコンビニは国外に広がっていきました。1974年，日本で最初のセブン-イレブンがオープンしました。東京の豊洲にあるこの店舗は，当初は営業継続が困難なほどでしたが，最終的には大成功を収めました。日本のコンビニは店舗運営において，品切れを起こさない新しいシステムなど数多くの革新を生み出しました。また，どんな人々がどんな商品を買っているかをチェックする追跡システムも発達させました。これらのシステムによってコンビニ社は新たな人気商品を開発しやすくなりました。コンビニは日本で大きな成功を収めたので，セブン-イレブンの日本支社はアメリカの親会社を買収したのでした。

コンビニエンスストアを発明した会社

●セブン-イレブンの歴史

期間	出来事			
1920年代	サウスランド・アイス・カンパニー開業			
1940年代	27			
1960年代以降	28 →	29 →	30 →	31

●セブン-イレブンについて

◆当初は食品を冷蔵するための氷を販売する店としてスタートした。

◆次の理由で成功を収めた： 32

●買い物の新しいモデル

◆日本で開発された現代の購入追跡システムは店舗の役に立った： 33

◆コンビニのモデルは 34 のような現代生活の新しいパターンに合致した。

第1段落

invention	名	発明
relatively	副	比較的
feature	名	特徴

第2段落

serve as ~	熟	~として務める
cool	動	~を冷やす
late at night	熟	夜遅く
so that ...	熟	…できるように
have an option to *do*	熟	~するという選択肢がある

第3段落

few decades	熟	数十年
location	名	店舗，場所
by accident	熟	偶然に
such ~ that ...	熟	とても~なので…
be intended to *do*	熟	~するために作られる
appropriate	形	適切な
gamble	動	ギャンブルする

fit	名	ぴったり合うこと
adopt	動	~を採用する

第4段落

popularity	名	人気
a need for ~	熟	~に対する需要
essentials	名	必需品
attach	動	~を付属として持つ
at work	熟	仕事中で
appreciate	動	~をありがたく思う

第5段落

expand	動	拡大する
initially	副	初めは
have trouble (in) *doing*	熟	~するのが困難だ
bring about ~	熟	~をもたらす
innovation	名	革新
in stock	熟	在庫がある状態で
tracking	名	追跡
monitor	動	~をチェックする
division	名	部門

解 説

問1 ★★★★☆

[訳] あなたのグループのメンバーがセブン−イレブンの歴史上で重要な出来事をリストアップしました。それらの出来事を起きた順に空所 27 ～ 31 に入れなさい。

① コンビニエンスストアの年間の売上が10億ドルだった。 29
② 会社が名前をセブン−イレブンに変更した。 27
③ 日本初のセブン−イレブンがオープンした。 30
④ 初の24時間営業のコンビニエンスストアがオープンした。 28
⑤ 日本事業部がアメリカの親会社を買収した。 31

解法のポイント
☞ すべての検索キーを一斉にサーチし，作業効率の大幅アップを計る。

解 説

検索キーは①「10億ドル」, ②「セブン–イレブン」, ③「日本初」, ④「初の 24 時間」,
⑤「アメリカの親会社の買収」。

　第 1 段落, 第 2 段落　該当なし

　第 3 段落　changed the company name to 7-Eleven　　（②）

　　　　　　➡ their first 24-hour store　　　　　　　　（④）

　第 4 段落　achieved one billion dollars in sales　　　（①）

　最終段落　the first 7-Eleven opened in Japan　　　　（③）

　　　　　　➡ bought the parent company in the United States　　（⑤）

正解は｜ 27 ｜が②,｜ 28 ｜が④,｜ 29 ｜が①,｜ 30 ｜が③,｜ 31 ｜が⑤。

問 2　★★★★☆

訳　文を完成させるのに最も適切な記述を選びなさい。（正しい答えの組み合わせを選
びなさい。）｜ 32 ｜

　　A ギャンブルを許可した。　　B 低価格だった。　　　　　C 女性従業員が多かった。

　　D 店舗数が多かった。　　　　E 店舗が幹線道路に近かった。　F 深夜まで営業していた。

解説

A「ギャンブル」, B「低価格」, C「女性従業員」, D「店舗数」, E「幹線道路」, F「深夜
営業」。

セブン–イレブンの成功要因を説明している段落は第 2 段落後半以降。

第 2 段落最終文 start selling simple foods at low prices so that customers had
an option to buy things like eggs and milk late at night からセブン–イレブンの歴
史が始まっている。

直後の第 3 段落第 1 文に店舗が全米に広がったことが述べられていることから, 第 2 段
落最終文に述べられた B と F は正しいと判断できる。F については第 3 段落の「初の
24 時間営業」についてのエピソードや, 第 4 段落第 5 文にも There were also more
people working late in factories and in other jobs that kept them at work late.
と, 関連する記述が見られる。A, C, E については述べられていない。残る D は, 第
3 段落第 1 文に opened more stores across the state of Texas and then across
the United States とあり, さらに最終段落第 1 文にも American convenience
stores expanded into other countries と, 店舗数の拡大に関する内容が述べられて
いることから正しいと判断できる。従って正解は B, D, F の 3 つを含む⑤である。

訳　日本のセブン-イレブンが導入した購入追跡システムの利点は，以下のうちどれだったか。 33

① 店舗が商品を深夜にだけ確保しておけた。

② 人々がどんな種類の製品を買いたがるかを予測できた。

③ 運送トラックの移動量を減らした。

④ ずっと大規模な店舗の商品の追跡を容易にした。

解 説

Keys for Search

①「商品ストック」，②「消費者が買いたがるものを予測」，③「運送トラック」，④「商品追跡」。

Areas for Search

購入追跡システムについて述べているのは最終段落のみ。

最終段落第5文の They also improved tracking systems that monitored what products were being bought and by what kind of people. が，購入追跡システムの内容を表す部分である。この直後の第6文に These systems helped ... to develop popular new products. とあるので，「顧客のニーズを予測できるようになった」ことがわかり，ここから正解が②に決まる。

問 4　★★★★☆

訳　文を完成させるのに最も適切な記述を選びなさい。（正しい答えの組み合わせを選びなさい。） 34

A　車での移動が増えたこと	B　働く女性が増加したこと
C　人々がテレビを見ること	D　在宅勤務をすること
E　労働時間が長くなったこと	F　スポーツ人気が高まったこと

解 説

Keys for Search

A「車」，B「働く女性」，C「テレビ」，D「在宅勤務」，E「労働時間」，F「スポーツ」。

ただし最も重要なキーは，設問文の空所 34 直前の new patterns of modern life。

Areas for Search

全体。

第1〜第3段落には「人々の生活の変化」に関する記述はなく，各選択肢キーに一致するワードも見当たらない。（第3段落に football が出てくるが，これは「生活パターンの変化」に関係した話ではない。）最初にヒットするのは第4段落第3文。With more people driving across the country で A が正しい。さらに同段落第5文 more people working late in factories and in other jobs that kept them at work late から E，続く同段落最終文の greater number of women who worked から B がそれぞれ正しい。C，D，F についてはいずれも記述がない。よって正解は①。

第6章 論説文——論理展開の把握

1st

▶▶ 問題 別冊 P.44

解答

A

問1	35	④
問2	36	②
問3	37	①
問4	38	③

英文の訳

授業で行う移民に関するグループ発表の準備をしています。あなたは以下の記事を見つけました。

外国人労働者は日本の労働力不足を解決できるか？

［1］　日本の人口の減少と少子高齢化は，企業が今も将来も大幅な労働者不足に直面していることを意味している。現在の日本の人口は約1億2,600万人だが，この数字は2050年までに約9,500万人まで減少すると予想されている。65歳を超える人口の割合は現在およそ28％で，これは2040年までに35％に上昇すると予測されている。日本の人口におけるこの変化は，多くの業界に深刻な求人問題を引き起こしており，日本政府はこの危機を解決するための数多くの政策を立案中である。1つの解決策は，より多くの女性を職場へと促すことである。そしてもう1つは，これまでよりも多くの外国人労働者を日本に受け入れることである。

［2］　日本政府は最近，2025年までにさらに50万人もの外国人労働者を日本に受け入れる法律の改正を承認した。これらの外国人労働者の大半は中国，ベトナム，フィリピンといったアジア諸国から来て，主に製造業，農業，介護産業に従事することになるだろう。しかしながら，この政策に反対する人々は，これほど多くの外国人労働者を日本に受け入れることは公共サービスを圧迫するし，犯罪の増加をもたらすと主張している。何千何万という数の外国人労働者がやって来ることで結果的に日本人労働者の賃金が低下すると主張する政敵もいる。

［3］　西ヨーロッパ諸国のような他の大半の経済先進国と異なり，日本はこれまで比較的少数の移民しか受け入れてこなかった。しかし，多くの右派政治家たちが外国人の未熟練労働者をこれ以上日本に受け入れることに反対しているのに対して，この政策を好意的に受け止めている人も多数いる。テレビ東京と日経新聞による2018年

11月26日付の調査によると，日本の有権者の41%が外国人労働者の受け入れに関するこの新しい政策に賛成しており，反対は47%であった。政策に賛成した人々の大多数は若年層だった。

[4]　多くの政治家と高齢者層の懸念はあるものの，外国人労働者はこれまでのところこの国にとって有益な補強となっているようだ。広島県では，漁業労働者の6人に1人は外国人である。20代，30代の漁師ではおよそ半数に上る。漁業が稼働できるのはこれらの外国人労働者のおかげなのである。彼らがいなければ，多くの企業や町村すら生き延びることができないだろう。広島の田舎で水産加工工場を経営しているタカサキ・シンジ氏(65)は，彼らの貢献に感謝の意を表している。「数か月の訓練のあとで彼らはいい仕事ができるようになります。私たちは本当に彼らに頼っているのです。もっと長くいられないのはもったいないように思えます」とタカサキ氏は述べている。

[5]　この新しい政策が外国人労働者自身にとっても有益なのはもちろんだ。日本で数年間働くことで，彼らは母国では稼げない額のお金を稼ぐことができる。実際，こうした一時的に日本で働く人々の多くは，自分の稼ぎの一定割合を毎月家族に送金することができる。こうした経済的なメリットに加え，外国人の未熟練労働者は帰国後に利用できる新しい技術を学ぶこともできるのだ。

[6]　日本が経済的に生き残るには移民が必要なことは明らかである。しかしながら，この新しい政策が日本社会と外国人労働者自身の双方に確実に利益をもたらすようにすることが重要である。

語　句

immigration	名 移民（者数）	result in ～	熟 結果として～になる
第1段落		wage	名 賃金
shrinking	形 減少している	**第3段落**	
aging	形 高齢化が進む	right-wing politician	熟 右派政治家
birthrate	名 出生率	unskilled	形 未熟練の
be predicted to *do*		significant	形 大幅な
熟 ～すると予想されている		in favor of ～	熟 ～に賛成して
rise to ～	熟 ～まで上昇する	voter	名 有権者
recruitment	名 求人	majority	名 大多数
designed to *do*	熟 ～することが意図された	**第4段落**	
crisis	名 危機	fisherman	名 漁師
workplace	名 職場	operate	動 稼働する
第2段落		be grateful for ～	熟 ～に感謝する
manufacturing	名 製造業	**第5段落**	
care industry	熟 介護産業	be beneficial to ～	熟 ～にとって有益な
opponent	名 反対者	temporary	形 一時的な
public service	熟 公共サービス	earnings	名 所得

問1 ★★★☆☆

訳 記事によると，筆者が日本の労働力不足を危機と呼んでいるのは 35 ためである。

① それが人口の減少と出生率の低下をもたらす

② 多くの外国人労働者が日本を訪れるようになる

③ ますます多くの若者が非正規労働者になっている

④ **何の手段も講じられなければ状況はさらに悪化すると予想されている**

解説

Keys for Search

設問文中の「危機」。このキーを見つけてその前後の内容と選択肢を比較する。

Areas for Search

労働力不足の問題提起が文章冒頭であることは「読んだ記憶」からすぐに思い出せるだろう。従って，サーチエリアは冒頭第1段落に限定できる，と予測可能。

第1段落第4文に crisis ヒット。this crisis が major recruitment problems を指すことを確認，同時にその原因が these changes であることも確認。these changes が指しているのは直前の第2・3文の内容，つまり「少子高齢化が今後さらに進むと予想されている」こと。ここから正解を④と判断できる。① は「労働力不足」と「人口減少・出生率低下」の因果関係が逆。また，第1段落で「危機」と呼んでいるからには必ず周辺にその根拠が示される必要があるが，同段落に②，③に関係する内容は書かれていないため，いずれも不正解。

問2 ★★★☆☆

訳 記事によると，新しい外国人労働者の受け入れに関する政策にどのカテゴリーの人々が反対する傾向があるか。 36

① 外国人労働者

② **右派の政治家**

③ 女性

④ 若い人々

解説

Keys for Search

「受け入れに反対」。

Areas for Search

「反対」の主張について述べられている段落。「読んだ記憶」からアクセスする。

サーチエリアは第2・3段落。第2段落では opponents が具体的に誰なのかまでははっきり述べられていない。第3段落第2文でようやく many right-wing politicians are against admitting more unskilled foreign workers to Japan と「右派の政治家」が現れる。正解は②。

問3　★★★☆☆

訳　第4段落で，筆者が広島県の外国人漁業労働者に言及しているのは [37] を示すためと考えられる。

① **外国人労働者がいかに有用になり得るか**
② 外国人労働者が日本で働くことからいかに利益を得ているか
③ 外国人労働者が日本人労働者よりいかに優れているか
④ 外国人労働者が多すぎることの否定的側面

解説

Keys for Search

「広島」。

Areas for Search

第4段落。これも「読んだ記憶」からアクセスする。

「広島」の話は第4段落第2〜最終文。これが「具体例」であることはわかるだろう。「具体例」は「直前に置かれた重要情報」を補足する。つまり直前の第1文が正解内容となる。正解は①。

問4　★★★★☆

訳　以下のうちどれが記事を最もよくまとめているか。 [38]

① 日本は今現在労働力不足に陥っているが，外国人の未熟練労働者をこれ以上受け入れるのはリスクが高すぎる。
② 日本は今，これまでよりもずっと多くの外国人労働者を受け入れつつあるが，これは発展途上国の人々にとってすばらしい機会である。
③ **日本はもっと多くの外国人労働者を受け入れる必要があり，それは日本社会と外国人労働者双方にとって有益なものになり得る。**
④ 日本の人口は高齢化と減少の両方の道をたどっているので，この動向に歯止めをかけるために外国人労働者が必要とされている。

解説

Sketch

第1段落「このままだと少子高齢化が加速，労働力不足がさらに深刻になる」
第2段落「政府は外国人労働者を増やす方針，しかし反対も」
第3段落「日本には移民受け入れの伝統がない」
第4段落「外国人労働者は日本の役に立っている」
第5段落「外国人労働者自身にもメリットが多い」
第6段落「必要なのは明らか。両者にプラスにしなければ」

In Short

スケッチをさらに短く圧縮。

「少子高齢化による労働力不足の解決には外国人労働者が必要。日本，外国人労働者の両者にプラスになる制度を！」正解は③。

2nd

解 答

A

問1	35	①
問2	36	④
問3	37	③
問4	38	④

英文の訳

心理学の授業で行う遠隔診療に関するグループ発表の準備をしています。あなたは以下の記事を見つけました。

遠隔診療とメンタルヘルス

［１］　昔は，心理学者などメンタルヘルスのプロに診てもらうことを恥と感じる人々が多かった。しかしながら，社会の変化に伴って，メンタルヘルスを個人の健康において他のすべての側面と同様に重要と考える人がずっと多くなったのである。

［２］　メンタルヘルスに対する関心がこうして新たに高まりを見せていることは，しかしながら少なくとも１つの否定的影響をもたらしている。多くの人々がメンタルヘルスの専門家に診てもらおうとすることで，専門家が見つかりにくくなってしまったのである。忙しすぎて新たな患者を受け入れることができないセラピストは多い。必要なケアを提供する専門家がほとんどいない地域で暮らす患者も多い。遠隔診療の誕生を後押ししたものは，まさにこのような困った状況だったのである。遠隔診療とは，ビデオチャットやメールなどの技術を使って受診可能となる方法のことである。遠隔診療が最もよく使われるのはメンタルヘルスの診療のことを言う場合である。

［３］　このシステムの利点は明らかである。今や患者が，町に自分の問題を助けてくれる人がいなくても，そうしたセラピストに診てもらうことができるのだ。身体あるいは精神に障害を抱えているせいで外出が困難な患者にとってもまた便利だ。患者が緊急時に診療を受けられる可能性も高まる。多くの遠隔診療サービスのおかげで，患者は電話を使って予約なしにすぐに診療を受けることが可能だ。突然診療を受ける必要が患者に生じても，自分で対処するのではなく，すぐに診療を受けられるのである。

［４］　また，遠隔診療はメールやビデオチャットを通して人とやりとりすることにより慣れている若者には，より自然なものと感じられるのかもしれない。中には診療所で人を相手に予約をとることを少し怖いと感じる者もいる。ある人々にとっては，オ

83

ンラインで話すほうが緊張せずにすむし，自分の気持ちにより素直になれる場合もある。リラックスするというのはメンタルヘルスの向上を目的としているときには重要なことだ。どんなものであれ患者を緊張させない方法が，メンタルヘルスの分野においては有用なのである。

[5]　もちろん，遠隔診療は何から何まで有効だというのではない。メールを通して話をするのでは，心理の専門家達は声の調子や表情といったものを考慮に入れることができない。このことは患者の問題を特定しアドバイスを行うことを困難にする。ビデオチャットをしていても，身振りなどを見落とすこともあるだろう。また，1人のセラピストと定期的に会うことが，患者とセラピストとの間に信頼感が生まれるのを促すのである。もしアプリを使って時たま診てもらうだけなら，いつも同じ心理学者に会うことにはならない。長期にわたって1人の専門家と信頼関係を築くことなしに，自分の気持ちについて正直に話をするのは難しいのではないか。

[6]　いまだいくつかの欠点はあるにせよ，遠隔診療はメンタルヘルスの分野においてはますます現実のものとなりつつある。セラピストは自分の方法を改め，この新しい技術を利用せざるを得なくなるだろう。多くの患者が今ではこの新しい診療を知るようになってきているのだ。遠隔診療のおかげで，身近には患者数がごくわずかな専門的医療だけを扱うセラピストが増えることになるかもしれない。いずれにしても，遠隔診療はすでにメンタルヘルスの対処のしかたを変えつつある。

語句

teletherapy	名 遠隔診療
第1段落	
ashamed	形 恥じて
psychologist	名 心理学者
view ~ to be ...	熟 ~を…とみなす
aspect	名 側面
第2段落	
focus on ~	熟 ~への注目
take on ~	熟 ~を引き受ける
prompt	動 ~を促す
video chatting	熟 オンラインで顔を見ながらするチャット
texting	名 メールなどソーシャルメディアを通じたテキストメッセージのやりとり
第3段落	
obvious	形 明らかな
access to ~	熟 ~に面会する機会

disability	名 障害
emergency	名 緊急(時)
appointment	名 予約
第4段落	
be accustomed to ~	熟 ~に慣れている
interact with ~	熟 ~と交流する
via	前 ~を通じて
第5段落	
miss	動 ~を見逃す
bond	名 きずな
第6段落	
negative	名 欠点
become more of a ~	熟 ますます~になる
take advantage of ~	熟 ~を利用する
affect	動 ~に影響を及ぼす

解 説

問1 ★★☆☆☆

訳 記事によると，筆者は [35] ためにメンタルヘルスの専門家が不足していると主張している。

① メンタルヘルスの援助を求める人々が以前に比べて増加している
② 心理学者になりたい人々の大半が大学から遠く離れたところに住んでいる
③ 心理学部の学生がよりお金になる別の職業分野に進んでしまう
④ 地域によってセラピストになるために必要な基準が異なっている

解説

Keys for Search

設問文中の「メンタルヘルスの専門家の不足」。

Areas for Search

文章冒頭から根気よく。

ヒットするのは第2段落第2文，With more people trying to see mental health professionals, it has become harder to find one. である。文頭の付帯状況部分が「より多くの人々がメンタルヘルスの専門家に診てもらおうとしていて」を表していることから，この内容に一致する① が正解。

問2 ★★★☆☆

訳 記事によると，[36] ときにはメールのほうが診療しやすいこともある。

① 症状が口で言うには複雑すぎる
② セラピストが同時に多くの患者に対応している
③ セラピストが診察室を離れている
④ 若い人々が診察を希望する

解説

Keys for Search

設問文中の texting can be a good way to do therapy「メールは診療しやすい」。

Areas for Search

「読んだ記憶」から「メール」「ビデオ」が現れる部分にアクセス。

第2段落第6文に初めて texting が登場するが，ここで述べられているのは遠隔診療の定義であり，この設問には無関係。第3段落をスルーした後，第4段落第1文，Teletherapy can also feel more natural for younger people who are more accustomed to interacting with people via texting and video chatting. にヒット。この文の内容が根拠となって④ が正解となる。

問3 ★★★☆☆

訳 第5段落で，筆者は [37] の例として身振りに言及している。

① 時代遅れの患者との対話法

② 遠隔診療アプリの改良点
③ オフィスにいるセラピストに面と向かって話すことの利点
④ 患者を助けているセラピストが気づかない情報

解説

Keys for Search

「ボディーランゲージ」。

Areas for Search

第5段落。

本文中,「身振り;ボディーランゲージ」が現れるのは1か所,第5段落第4文のみ。同段落では,この文も含むいくつかの具体例を通じて遠隔治療の欠点について述べている。段落全体の構図が「遠隔診療＝ speaking via text chat or video chat ＜ 対面診療＝ seeing the same person every time」であることを読み取り,そこから③ が正解であると結論づける。

問4　★★★★☆

訳　以下のうちどれが記事を最もよくまとめているか。　38

① 遠隔診療は費用がより少ないため,二流の診療である。
② 遠隔診療を提供するアプリには実にさまざまな物があるが,優れたケアを提供しているものはそのうちごくわずかである。
③ 遠隔診療を利用して診療できる病気はごく少数にすぎない。
④ 確かに限界はあるが,遠隔診療のおかげで,これまでかかることができなかった人々がメンタルヘルスの診療を受けられるようになりつつある。

解説

Sketch

第1段落「メンタルヘルスの診療を希望する人が増加している」
第2段落「メンタルヘルスの専門家不足から遠隔診療が行われるようになっている」
第3段落「遠隔診療にはさまざまな利点あり」
第4段落「他にも利点が」
第5段落「デメリットもないわけではない」
第6段落「遠隔診療は従来の診療を大きく変えることになる」

In Short

スケッチをさらに短く圧縮。

「メンタルヘルス患者が増加した結果,遠隔診療が普及した。今後はさらに広まる」。これに一致する④ が正解。

第7章 論説文──資料付き

1st

▶▶ 問題 別冊 P.52

解答

B

問 1	39	④
問 2	40	①
問 3	41 ― 42	① , ④
問 4	43	①

英文の訳

あなたは世界各地の野生生物の個体数について学んでいます。これから，イギリスの赤リスの個体数に何が起きたのかを理解するために，以下の記事を読もうとしています。

イギリスのどの公園，庭園を訪れても，あなたは灰色リスにお目にかかれるかもしれません。この愛らしい生きものが問題視されているなど想像できないかもしれませんが，実際，イギリスでは，灰色リスはもともとこの地にはいなかった侵入生物種であり，政府はその個体数を減らす方策を模索しているのです。イギリス在来のリスは赤リスで，灰色リスに比べ身体が小さくひ弱です。灰色リスが生息し始めて以降，赤リスの個体数はおよそ3,500,000匹からわずか140,000匹に減少しました。それに対して，今ではイギリス国内に2,500,000匹以上の野生の灰色リスが生息しているのです。

今イギリスに生息している野生の灰色リスは，もともとは1800年代に北アメリカから豊かな地主たちのおしゃれなペットとして持ちこまれました。しかし，それらは間もなく飼い主の元から逃げ出し，あっという間に国中に広がったのです。灰色リスは直接赤リスに危害を加えはしませんが，食べ物や生きていくのに必要なさまざまな物をめぐる競争は起こります。灰色リスのほうが赤リスよりも身体が大きく強いため，多くの脂肪を体内により蓄積することができ，あまり苦労せずに冬を越すことができます。灰色リスはまた，赤リスを死に至らしめる病気であるリス疱瘡（ほうそう）のウイルスを持っています。これらの理由で，灰色リスの個体数の増加が赤リスの急激な減少を招いてしまったのです。今では，イギリスの多くの地域で，赤リスは全く生息していません。140,000匹の赤リスの大部分は北ウェールズやスコットランドのハイランド地方などのへんぴな場所に生息しているのです。もし何らかの行動がとられなければ，赤リスは10年以内にイギリス国内で絶滅すると予測されています。

1998年，イギリス政府は罠（わな）を仕掛けて駆除することで灰色リスの個体数

を抑える計画を発表しました。しかし，多くの専門家はこの計画に反対でした。彼らは，灰色リスの駆除は残酷であるばかりでなく効果的でないと主張しています。灰色リスが1つの地域からいなくなれば，すぐに他の地域から新たな灰色リスがやって来て住み着いてしまうからです。灰色リスの数を減らす上で有力と思われる1つの方法は，天敵の導入です。この方法はすでに，灰色リスと赤リスに関して似たような問題が発生したアイルランドで効果を上げているのです。アイルランドでは，マツテンという動物が，1990年代初めの狩猟禁止令によって着実に個体数を増加させました。マツテンはリスを含む小動物を食べます。アイルランドのマツテンの数が増えるとともに，灰色リスの数は急激に減少し，在来種の赤リスが数を回復させました。マツテンは灰色リスと赤リスの両方を食べるものの，赤リスは身体が小さいため灰色リスよりも容易にマツテンから逃げることができるのだと考えられています。30年以上生息していなかった地域に赤リスが戻って来つつあります。イギリスはアイルランドに学び，赤リスを絶滅から救う一助とするためにマツテンを再び導入するべきだと，多くの専門家達は信じているのです。

語 句

wildlife	名 野生生物	resource	名 資源
squirrel	名 リス	store	動 〜を蓄える
第1段落		pox	名 発疹，疱瘡（ほうそう）
treat 〜 to ...	熟 〜を…でもてなす	It is estimated that ...	
grey	形 灰色の（英）	熟 …と予測されている	
think of 〜 as ...	熟 〜を…と考える	extinct	形 絶滅した
non-native	形 外来種の	take action	熟 行動をおこす
invasive	形 侵入した	**第3段落**	
native to 〜	熟 〜に固有[在来]の	trap	動 〜をわなで捕らえる
introduction of 〜	熟 〜の移入	cruel	形 残酷な
decline	動 減少する	ineffective	形 効果がない
in comparison	熟 それに対して	potential	形 可能性のある
第2段落		predator	名 捕食動物
originally	副 もともとは	pine marten	名 マツテン
wealthy	形 裕福な	steadily	副 着実に
landowner	名 地主	hunting ban	熟 狩猟禁止令
escape	動 逃げる	mammal	名 哺乳動物
harm	動 〜を傷つける	absent from 〜	熟 〜にいない
compete with 〜	熟 〜と競う		

解　説

問1　★★★☆☆

訳 記事はイギリスの現状について何を我々に教えているか。 [39]

① 在来種のリスと外来種のリスは互いに協力できる。
② 最近，赤リスの個体数は 14,000 匹にまで増えていて，一方，灰色リスは 3,500,000 匹のままである。
③ 灰色リスは赤リスの個体数を減らすために利用できる天敵として導入されている。
④ 赤リスは灰色リスの移入によって絶滅しかけている。

解説

Keys for Search

選択肢の中心情報である「灰色リスと赤リスの関係」。

Areas for Search

文章冒頭。現状説明が冒頭だったことは「読んだ記憶」から。

第1段落に「灰色リスばかり多くて赤リスが激減」が述べられているが，第3・4文から② が不正解であること以外ははっきりしない。続く第2段落が決め手。第1文は③ が不正解の根拠となり，その後を読み進めれば正解が④ であることは容易に判断できる。最終文には extinct がそのまま現れている。

問2　★★★★☆

訳 以下の4つのグラフのうち，アイルランドの状況を最もよく表しているのはどれか。 [40]

①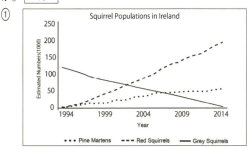

（正解のグラフ）

問いのねらい　本文の内容とグラフが対照できているか

解法のポイント

「何が」「いつ」「どのように」変化しているか，の３つの要素を本文中にて追いかける。**検索キーはすべてグラフから設定**する。追いかけ方を正しく定めるのがポイント。

☞ **検索キーはグラフから設定する**

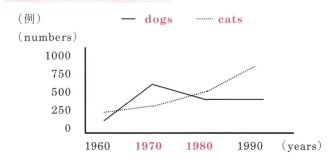

（例）　　　　　　　— **dogs**　…… **cats**

（numbers）

1000
750
500
250
0

1960　**1970**　**1980**　1990　（years）

「何が」➡グラフ中に示された dogs と cats。
「いつ」➡グラフの横軸中，1970 年，1980 年の 2 つが基本。
「どう」➡「増」か「減」か「横ばい」か。あるいは「追いぬく」など。

解説

Keys for Search

グラフを確認し，検索キーを把握する。
「何が」➡「マツテン」と「赤リス」と「灰色リス」
「いつ」➡ 1999 年と 2004 年と 2009 年。あるいは「2000 年代前半」など
「どう」➡「増」か「減」か「横ばい」か

Areas for Search

エリアを絞り込んで検索。

問われているのはアイルランドの状況のため，最終段落後半が検索すべきエリアとなる。第 7 文の"an animal called a pine marten", "steadily increasing", "in the early 1990s" で「マツテン」が「1990 年代」に「増えた」とわかり正解が①か②に絞られる。第 9 文の"grey squirrels", "decreased" と "native red squirrels", "returned" から「灰色リス」が「減った」，「赤リス」が「増えた」とわかり，正解が①に決まる。

問3　★★★★☆

訳　記事によると，以下のうちどれとどれの2つが，なぜイギリスでは灰色リスが赤リスよりもよく見られるようになったのかを述べているか。(2つ選ぶこと。順序は問わない)　41 ・ 42

① 灰色リスのほうが食料や生きていくのに必要なさまざまな物をめぐる競争にうまく対処できる。
② 灰色リスは赤リスを攻撃し殺す。
③ 灰色リスは赤リスが取り除かれたあとにこの地域に住み着いた。
④ 灰色リスは赤リスがかかる病気を持っている。
⑤ イギリス政府はリスの個体数を抑えるためにマツテンを導入した。

解説

Keys for Search

「灰色 > 赤」の「原因」。

Areas for Search

原因の説明は第2段落。「読んだ記憶」に加え，問1・2を「解いた記憶」から絞り込める。

第6文 に For these reasons, the increase in the grey squirrel population has caused the rapid decline of the red squirrel. と書かれており，これが設問文内容に完璧に一致する。従って these reasons の内容が正解情報。第3文 Grey squirrels do not harm red squirrels directly but compete with them for food and resources. が原因その1。続く第4文は第3文の補足説明。競争では灰色リスが有利であることが述べられている。その後の第5文 Grey squirrels also carry the squirrel pox virus, a disease that kills red squirrels. が原因その2。正解は① と④。

問4　★★★☆☆

訳　この記事に最もふさわしいタイトルは　43　である。

① マツテンはどのようにしてイギリスの赤リスを救うことができるのか?
② マツテンは自然界最強の殺し屋か?
③ バランスのとれた生態系での外来種の重要性
④ 灰色リスはなぜイギリス人に愛される動物なのか?

解説

Sketch

第1段落「イギリスには灰色リスばかり。在来種の赤リスは激減」
第2段落「灰色は赤より生命力が強い。このままでは赤は絶滅」
第3段落「アイルランドでは天敵マツテンの導入で灰色激減，赤復活」

この内容を選択肢と比較。②主役がマツテン(本文はもちろん赤リスが主役)で不正解。③非在来種(＝外来種)の灰色リスは生態系のバランスを「崩して」いる。④灰色リスは「マイナスイメージ」であり不正解。正解は①。

2nd

▶ 問題 別冊 P.56

解 答

B

問1	39	④
問2	40	③
問3	41 — 42	③ , ⑤
問4	43	①

英文の訳

あなたは食料品の買い物に起きている新たな動向について学んでいます。これから，ミールキットの新しい動きについて学ぶために，以下の記事を読もうとしています。

　ほとんどの人々は，家で料理するほうが外食するより健康的であると知っています。それでも，多くの人々にとって，いつも家で食事をとるのはそう簡単なことではありません。たいていの人にとって，時間がなかったり料理の腕が十分でなかったりするからです。1つの代替策は冷凍食品ですが，これは外食よりももっと健康的ではないことも多くあります。この問題に役立とうと，顧客にミールキットの販売を始めた企業があります。このキットはレシピに加え，調理に必要な材料がすべて入って届きます。これは，買い物に必要な時間をなくすためです。また，調理のプロセス自体も，順を追って説明したマニュアルのおかげでずっと簡単になります。

　これまでにも，調味料キットのような，ミールキットに似たものは食料品店で売られていましたが，これらはたいてい，肉や野菜を自分で買う必要がありました。この新しいミールキットには，1つの料理を作るのに必要なものがすべて入っているのです。このキットを買えば，なにか材料を買い忘れていないかと心配する必要はありません。また，今まで食べたことがなかったような新しい料理に挑戦する機会も得られます。食料品店で食べたことがない野菜を見ても，買い物客はあまりそれを買おうとはしません。しかし，ミールキットの中にその野菜が入っていて，その調理法を示すマニュアルがついていれば，試してみようと思うことでしょう。

　ミールキットの最も一般的な販売方法は，会員向けサービスによるものです。こうしたサービスでは，数種類の料理に必要な材料がいっぱいに詰まって入った箱が送られてきます。この販売システムは非常に人気で，2015年には450万人の会員を相手に13億ドルを売り上げました。こうしたサービスの会員は翌年には500万人，さらに1年後には600万人にまで達しました。会員数はその後伸びがゆるやかになったものの，売上は毎年堅調に上昇を続け，最新の調査では22億ドルにまで達しています。会員数が横ばいであるにもかかわらず利益が上昇し続けているのは，輸送と材料の

仕入れが改善されたことによるところが大きいのです。

　ミールキットが人気商品になっていることはわかったものの，懸念がないわけではありません。材料は1回分と決まっているため，たいていそれぞれが多くの小さな入れ物に入っています。ある料理にお酢が必要なら，お酢は小さなペットボトルに入っているのです。これでは，何食分にでも使えるだけの量が入った大きなボトルのお酢を買うのに比べ，ゴミがはるかに多く出てしまいます。青果物も，スーパーのように無包装ではなく，個別包装されているのが普通です。企業の中にはすでにこの問題を解決するために，より効率的な包装を考え出そうとしているところもあります。こうした懸念はあるものの，ミールキットは加工食品業界において成長を続ける革新的モデルとなっているのです。

語句

kit　　　　　　　名 道具一式

第1段落

compared to ～　　熟 ～に比べて

eat out　　　　　熟 外食する

a matter of ～　　熟 ～という[の]問題

along with ～　　熟 ～と一緒に

be meant to *do*

　熟 ～することになっている[～する(目的の)ためである]

第2段落

require ～ to *do*

　熟 ～に…するように要求する

dish　　　　　　名 料理

shopper　　　　　名 買い物客

give it a try　　　熟 挑戦してみる

第3段落

subscription　　名〔形容詞的に〕会員制の

full of ～　　　熟 ～でいっぱいの

membership　　名 会員

revenue　　　　名 収益

profit　　　　　名 もうけ

shipping　　　　名 輸送，配送

purchasing　　　名 購入，仕入れ

第4段落

prove　　　　　動 ～であると判明する

concern　　　　名 懸念

container　　　名 容器

call for ～　　　熟 ～を必要とする

vinegar　　　　名 酢

multiple　　　　形 多様な，多数の

individually　　副 個別に

innovative　　　形 革新的な

解説

問1　★★★☆☆

訳　ミールキットが人気なのは　39　ためである。

① 近くに食料品店がない場所に住んでいる人々が食品を配達してもらう必要があった

② 食料品店が大部分の人々になじみのない農産物を売ろうとしていた

③ オンラインストアが生鮮食品や加工食品の事業に参入しようとしている

④ 人々が毎日自分で買い物に行って料理する時間がとれない

解説

Keys for Search
設問の中心は「人気の理由」。これをサーチする。

Areas for Search
ミールキットが生まれた背景は本文冒頭に。

第１段落を見る。序盤の第３文に For most people, it is a matter of lacking the time or not having the skills to prepare a meal. とあり，これが「人々の悩み」であることが示される。その文に続いてミールキットが紹介されたあと，段落末の２文 This is meant to remove the time needed to shop. It also makes the process of cooking itself much easier with step-by-step instructions. と「ミールキットのおかげで悩み解決」と進むのが第１段落の構図。正解は④。

問2　★★★★☆

訳　以下の４つのグラフのうち，英文に書かれた状況を最もよく表しているのはどれか。　40

③

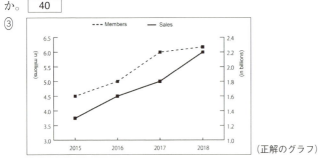

（正解のグラフ）

解法のポイント
☞ グラフから，「何が」「いつ」「どう」変化しているかを追いかけるのに必要な検索キーを設定する。

解説

Keys for Search
「何が」➡「利用者数」（members）と「売上」（sales）
「いつ」➡ 2016 年と 2017 年が基本
「どう」➡「増」か「減」か「横ばい」など

数字が出てくるのは第3段落だけなので，検索エリアはこの段落に限定する。第3文 with 4.5 million subscribers spending \$1.3 billion in 2015 から検索スタート。続く第4文の "5 million"，"the following year" で「利用者数」が「2016年」に「500万人」であること，さらに "6 million"，"a year later" で「2017年」に「600万人」であることがわかる。これでグラフ①と④が除外される。第5文に "revenue"，"has increased steadily" とあり「売上」が「今までずっと」「増加」していることから，正解は③。

問3　★★★★☆

訳　記事によると，以下のうちどれとどれの2つが，ミールキットについて正しいことを述べているか。(2つ選ぶこと。順序は問わない) 　41　・　42　

① ミールキットはベジタリアンの人々により好評で，めったに肉が入っていない。
② ミールキットはレストランで食べる料理と同じように不健康であることが多い。
③ **ミールキットには1つの料理を最初から最後まで作るのに必要なすべての材料が入っている。**
④ ミールキットは平均すると家で作る料理に比べて費用がかからない。
⑤ **ミールキットは人々が普段使わない材料を試してみることを促す。**

解説

Keys for Search

①「肉」，②「レストラン」，④「費用」，⑤「普段使わない材料」あたり。
③は確認するまでもなく正解と判断できるだろう。

Areas for Search

あらかじめエリアを絞り込むのは難しい。1つずつキーを追う。
①「肉」は第2段落第1文に出てくるが，この文の内容と①は全く異なる。①は不正解。同様に，②「レストラン」も第1段落第4文に出てくるが，この文の内容も②とは全く異なっているため不正解。④「費用」については本文中に述べられておらず不正解。⑤「普段使わない材料」に関する記述は第2段落第4文以降。最終文に if a meal kit includes it along with recipes for how to cook it, they are more likely to give it a try と書かれていて，これが⑤の内容に一致するため，⑤は正解。従って正解は③と⑤の2つである。

問4　★★★☆☆

訳　この記事に最もふさわしいタイトルは　43　である。

① **家庭料理の新たな動き**
② 現代世界の食習慣
③ 家庭料理の健康上の利点
④ ミールキットの環境コスト

Sketch

第1段落「ミールキットなら買い物の手間が省け，料理も簡単に」

第2段落「ミールキットなら食べたことのない料理も楽しめる」

第3段落「ミールキットの売上は拡大」

第4段落「問題がなくはないが，確実な成長モデル」

この内容を選択肢と比較する。② は話題が大きすぎる。この文章はあくまでミールキットという「1つの新しい動き」にすぎない。③ も第1段落にチラッと触れられただけ。不正解。④ 環境コストは最終段落でチラッと触れられただけなので不正解。正解は①である。

Column リーディング力アップのための Q&A ④

Q. 読むのに時間がかかってしまいます。どうすればいいですか？

A. 「読解力のスタミナ」を鍛えましょう。

☞この悩みは，受験勉強がある程度のレベルに達したときに「すべての受験生に立ちはだかる壁」と言っていいでしょう。つまり，この悩みを感じるということは，それだけ勉強をしっかり進めてきた証しでもあります。

速さを鍛えるには「スタミナ」をつけるしかありません。運動と同じです。スタミナをつけるために毎日ランニングを，それも同じコースを何周も走りますよね？ 英文の読解においても同じことが当てはまります。とにかく毎日英文を読みましょう。また，「一度しっかり読んだ文章」を「何度も」読みましょう。そうすることで「スピードアップ」に集中して取り組むことができます。言うまでもなく，**大学入試で出題された英語長文が最高の素材です**。

模試にチャレンジ 解答一覧（100点満点）

問題番号（配点）	設問	解答番号	正解	配点
第1問 (10)	A 1	1	④	2
	A 2	2	②	2
	B 1	3	①	2
	B 2	4	②	2
	B 3	5	④	2
第2問 (20)	A 1	6	④	2
	A 2	7	②	2
	A 3	8	④	2
	A 4	9	④	2
	A 5	10	③	2
	B 1	11	①	2
	B 2	12	②	2
	B 3	13	②	2
	B 4	14	④	2
	B 5	15	①	2
第3問 (10)	A 1	16	③	2
	A 2	17	②	2
	B 1	18	①	2
	B 2	19	③	2
	B 3	20	①	2

問題番号（配点）	設問	解答番号	正解	配点
第4問 (16)	1	21	①	3
	2	22	①	3
	3	23	②	4
	4	24	①	3*
	4	25	③	
	5	26	②	3
第5問 (20)	1	27	⑤	5*
	1	28	④	
	1	29	③	
	1	30	①	
	1	31	②	
	2	32	④	5
	3	33	①	5
	4	34	①	5
第6問 (24)	A 1	35	①	3
	A 2	36	②	3
	A 3	37	②	3
	A 4	38	④	3
	B 1	39	③	3
	B 2	40	①	3
	B 3	41-42	②	3*
	B 3	41-42	④	
	B 4	43	①	3

(注)
1 * は，全部正解の場合のみ点を与える。
2 −（ハイフン）でつながれた正解は，順序を問わない。

第1問A

▶ 問題 別冊 P.62

解答

問1	1	④	（各2点）
問2	2	②	

英文の訳

あなたは大学生です。今日はひどい雪ですが，とりあえず学校に来ました。今教室で，教授が黒板に書いたメッセージを見つけました。

本日休講！

学生のみなさん，

わざわざ来てくれたところを大変申し訳ないのだが，雪のため今日はすべての授業が休講になっています。家を出る前にメールをチェックしてくれることを期待していたのですが，ここにいるということは，してもらえなかったようですね。

課題を今日提出しても構いません（前のドアのところに箱が置いてあります）し，次回の授業でも結構です。それから，中間試験は予定通り金曜日に行いますので，注意してください。

何か聞きたいことがあれば，私の勤務時間内にいらっしゃい。

では。
オーディン

語句

leave home	熟 家を出る	note (that) ...
suppose (that) ...	熟 …だと推測する	熟 …ということに気をつける
turn in 〜	熟 〜を提出する	mid-term 形 （学期の）中間の
can/can't wait		as scheduled 熟 予定どおりに
熟 後回しにできる／できない（進行形不可）		come see me ＝ come and see me

解説

問1 ★★☆☆☆

訳 このメッセージは 1 に向けられたものである。

① この授業を履修しているすべての学生

② この大学に通っているすべての学生
③ 宿題を終えた学生
④ メールでの連絡を見逃した学生

解説

Keys for Search

「you」は誰を表しているか？

Areas for Search

第1段落。

第2文に I was hoping that you would check your email before you left home, but since you are here, I suppose you didn't. と書かれているのが根拠。確かに連絡対象は「履修学生全員」であるが，事前にメールを確認した学生はこのメッセージを読む必要がない。したがって正解は④「メールでの連絡を見逃した学生」である。

問2　★☆☆☆☆

訳　このメッセージによると，　2　。
① 試験は金曜日まで延期されている
② 宿題の提出は次回の授業まででよい
③ この教授には学生に応対する時間がない
④ 今日の休講のための補講がある

解説

Keys for Search

①「試験」，②「宿題」，③「勤務時間」，④「補講」。

Areas for Search

全体。

初級の問題であり，すぐにわかるだろう。第2段落第1文に You can turn in your homework now (there is a box by the front door), or wait until next class. と書かれている。正解は②。

office hours とは普通「営業時間」のほか，教員の研究室在室時間（そのときに学生に応対する）も意味する。

第1問B

▶ 問題 別冊 P.64

解答

問1	3	①	（各2点）
問2	4	②	
問3	5	④	

英文の訳

あなたは小説を読むのが好きで，読書会に入りたいと思っています。ネットを見ているとき，興味深いグループを見つけました。

英日読書会へようこそ！

私たちは東京都渋谷区にあるグループで，英語，日本語のどちらか，またはその両方を話す50人以上のメンバーがいます。月に1度，東京のカフェに集まって，日本人か西洋人の著者が書いた本について話し合っています。順番に，つまり，ある月に日本人が書いた本を取り上げたら，その次の月は西洋人が書いた本，という具合にやっていきます。通常は，メンバーが準備時間をとれるように，ミーティングの数か月前に本を選びます。

これは他の人々がそれぞれの本についてどう思っているかを聞ける素晴らしい機会ですし，ストーリーをよりよく理解する助けにもなります。その本が自分の母語で書かれていないときにはなおさらです。

今後のミーティング：

6月2日（日）午後1時30分　＊カワムラズカフェ（東京）
　本：『こころ』夏目漱石著

7月7日（日）午後3時30分　＊カワムラズカフェ（東京）
　本：『**大いなる遺産**』チャールズ・ディケンズ著

8月4日（日）午後3時30分　＊カワムラズカフェ（東京）
　本：『**銀河鉄道の夜**』宮沢賢治著

9月1日（日）午後1時30分　＊＊場所は未定
　本：『**高慢と偏見**』ジェイン・オースティン著

注：＊カワムラズカフェは紅茶もコーヒーもすばらしいですし，美味しいケーキも豊富に揃っています！

＊＊カワムラズカフェは9月1日はお休みです。別の場所を選んで近日中にお知らせします。

詳しくはメールでお問い合わせください。

解 説

問1　★☆☆☆☆

訳　このお知らせの目的は　3　人々を見つけることである。

① このクラブに参加することに興味がある
② 東京都渋谷区に住んでいる
③ 英語と日本語を両方話せる
④ 東京で新しい読書会を始めたい

解説

Keys for Search

①「参加」，②「渋谷区在住」，③「英語・日本語」，④「新しい読書会」。

Areas for Search

お知らせは3部構成で，(i)「読書会についての詳細説明」，(ii)「ミーティングのスケジュール」，(iii)「注」。

知りたいのは「お知らせの対象」だから，(i)「詳細説明」をサーチ。

タイトルが Welcome to English/Japanese Book Club!, さらに第2段落に This is a great opportunity to hear what other people think about each book, and it will help you to understand the story better, と書かれていることから，you に会への参加を促していることがわかる。したがって正解は① である。

問2　★☆☆☆☆

訳　メンバーは次の4回のミーティングで　4　予定である。

① カワムラズカフェに集まる
② 午後に集まる
③ 英語と日本語の映画両方について話し合う
④ 日本の本だけについて話し合う

解説

Keys for Search

「次回の4回のミーティング」。

(ⅱ)「ミーティングのスケジュール」。

次の4回のミーティングはいずれも午後1時30分または午後3時30分に開始される。したがって正解は②。9月1日は場所が未定となっており① は不正解である。

問3　★★☆☆☆

訳　カワムラズカフェは　5　。

① 新規に店舗を出す場所を探している

② さまざまな種類の本を売っている

③ 9月1日まで休業する

④ 第4回目のミーティングの場所ではない

解説

Keys for Search

①「新店舗」，②「本」，③「休業」，④「第4回」。

Areas for Search

エリアの予測は困難。選択肢ごとに判断する。

ほとんどの選択肢は読書会と「直接関係ない」内容であり，サーチエリアを絞ることは難しいため，選択肢ごとにコツコツ見つける必要がある。④ は「スケジュール」に関する内容であり，第4回の部分を確認すればよい。場所が空白で注のマークがあるので，下の注を見ると Kawamura's Café will be closed on Sep. 1. と書かれている。つまり，9月1日にここでミーティングは開けないことがわかり，正解が④ に決まる。until「〜まで」とは書かれていないので③ は誤り。①，② については一切述べられていない。

第2問A

解答

問1	6	④	（各2点）
問2	7	②	
問3	8	④	
問4	9	④	
問5	10	③	

英文の訳

あなたの学校では来月文化祭が行われます。あなたのクラスは文化祭のためにオリジナルTシャツをデザインすることに決めました。Tシャツをデザインしてプリントしてもらうために，よさそうなオンラインサービスを見つけました。

オリジナルTシャツをデザインしよう！

速くて簡単！高品質・低価格・スピーディーな配送をすべて保証！

ステップ1：ベースのシャツを選ぶ

1. **タイプ**　レギュラー／タンクトップ
2. **カラー**　クリックして選ぶ
3. **サイズ**　S×　／M×　／L×　／XL×　／2XL×　／3XL×　／

ステップ2：簡単オンラインツールでTシャツをデザインする

1. **フロント**
2. **背中**
3. **袖**（オプション：追加料金 $5.00 が適用される）

ステップ3：お届けオプションを選ぶ

1. **通常配送**：3～4週間。無料。
2. **お急ぎ便**：2～3日。1枚につき $2.00

（ご注文の品の発送準備には2，3日かかります。）

カスタマー評価とレビュー：

ジョナサン・K　2週間前　★★★★★

　このオンラインサービスはただただすばらしい！　デザインツールはとても使いやすくて，Tシャツのクオリティも最高，まさに私が望んでいた通りのシャツが手に入りました。値段は他の似たようなサービスに比べて安かったし，注文した品が予

定より3日早く届きました。

　レイチェル・S　3週間前　★★★★★

　このオンラインサービス，大好きで何回も利用しています。私はプロのデザイナーですが，ここのサービスで一番気に入っているのはカスタマーサービスのすばらしさです。聞きたいことや特別なリクエストがあっても，いつもとても役に立つんです。このオンラインTシャツサービスは，オリジナルTシャツをデザインしようと思っているすべての人にオススメです！

語句

guarantee	動 ～を保証する	extra fee	熟 追加料金
base	名 基本	apply	動 適用される
sleeve	名 袖	shipping	名 配送，輸送
optional	形 選択できる，オプションの	rush	名 急ぐこと

解説

問1　★★★☆☆

訳　このサイトは，あなたが　6　たいなら特に役に立つだろう。

① 質の高いTシャツを買い

② 安いTシャツを売り

③ オリジナルのTシャツをデザインするレッスンを受け

④ 1か月後にオリジナルのTシャツを着

解説

Keys for Search

①「高品質」，②「売る」，③「レッスン」，④「1か月後」。

Areas for Search

サイトは(i)「商品の紹介」，(ii)「購入の詳細」，(iii)「カスタマーレビュー」の3部構成。全体がサーチの対象。

サイトのタイトルが Design Your Original T-shirts! であり③か④が正解であることはすぐにわかる。(i)「商品紹介」，(ii)「購入の詳細」の両方に quick delivery, rush delivery とスピードが売りの1つであることが記され，Step 3 には Regular Delivery が3～4週間かかると書かれている。したがって，正解は④。

問2　★★☆☆☆

訳　通常配送を利用して確実に文化祭に間に合うようTシャツが届くようにするためには，少なくとも　7　に注文しなければならない。

① 1週間前

② 4 週間半前
③ 4 週間前
④ 3 週間半前

解説

Keys for Search

設問文中の「通常配送」。

Areas for Search

(ii)「購入の詳細」。

Step 3: Choose shipping options に通常配送とお急ぎ便について説明がある。通常配送の納期は3～4週間，ただし発送準備に2，3日かかるとあることから，正解は②。

問3　★☆☆☆☆

訳　Tシャツをデザインした経験がない人は， 8 からという理由でこのサービスを利用するかもしれない。
　①　プロのデザイナーからの助けが得られる
　②　カスタマーサービスがTシャツをデザインしてくれる
　③　Tシャツが高品質である
　④　**簡単に使えるオンラインのデザインツールがある**

解説

Keys for Search

①「プロのデザイナー」，②「カスタマーサービス」，③「高品質」，④「ツール」。
「デザイン経験が初めての人」が求めるものは？

Areas for Search

「読んだ記憶」を頼りに全体をザッとスキャンする。
①，②がサイト内容に反していることはすぐにわかるだろう。③「高品質」について触れているのはサイトの初めの High quality, low prices, and quick delivery guaranteed!，の部分と Johnathan K. のコメントの the quality of the T-shirts is excellent の2か所。④「ツール」は冒頭の It's fast and easy! と Step 2: Design your T-shirts with our easy online tools，さらに Johnathan K. のコメントの The design tools are very easy to use の3か所。当然，触れられた回数が多いほうがこのサイトが「訴えたいこと」である。さらに，設問が「Tシャツをデザインした経験がない人」が惹かれる理由であることを考えれば，やはり正解は④と判断できる。

問4　★★☆☆☆

訳　このウェブサイトで，このオンラインサービスに関する1つの**事実**（意見ではない）は 9 ということである。
　①　だれでもすばらしい経験ができる
　②　このサービスは実に速く簡単である

③ 梱包にはいくつかの種類がある

④ **自分のTシャツのサイズを選択できる**

解説

Fact or Opinion?

選択肢を「客観＝事実」と「主観＝意見」に分別。

① 「すばらしい経験」＝主観＝意見，② 「速い・簡単」＝主観＝意見，

③ 「種類がある」＝客観＝事実，④ 「選択可能」＝客観＝事実。

Keys for Search

③ 「梱包」，④ 「サイズ選択」。

Areas for Search

(ii)「購入の詳細」。

③の梱包については記述がない。Step 1: Choose your base shirts の選択項目にサイズが含まれており，④ が正解である。注文するTシャツのサイズが選択できない店はこの世に存在しないだろう。

問5　★★☆☆☆

訳　このウェブサイトで，このオンラインサービスに関する1つの**意見**（事実ではない）は　10　ということである。

① このサービスを何度も利用した人がいた

② 高校生はこのサービスがとても気に入るだろう

③ **カスタマーサービスがとても役に立つ**

④ デザインできるのはTシャツのフロント部分だけである

解説

Fact or Opinion?

選択肢を「客観＝事実」と「主観＝意見」に分別。

① 「人がいた」＝客観＝事実，② 「気に入るだろう」＝主観＝意見，

③ 「役に立つ」＝主観＝意見，④ 「デザインはフロントのみ」＝客観＝事実。

Keys for Search

② 「高校生」，③ 「カスタマーサービス」。

Areas for Search

(iii)「カスタマーレビュー」が第1候補。

opinion を探すにはまずはカスタマーレビューである。Rachel S. のコメントに what I like most about this service is its excellent customer service. Whenever I have questions or special requests, they are always very helpful. とあり，カスタマーサービスがいかに役立つかがしっかり強調されている。したがって正解は③。「高校生」に当てはまりそうな記述がなかったことは「読んだ記憶」からわかっただろう。

第**2**問B

▶ 問題 別冊 P.68

解　答

問 1	11	①	（各 2 点）
問 2	12	②	
問 3	13	②	
問 4	14	④	
問 5	15	①	

英文の訳

英語の先生があなたに次の授業で行う討論の準備に役立つ記事をくれました。この記事の一部と，それについてのコメントの1つが以下に示してあります。

日本の人口減少と高齢化

ポール・ブラウン，東京

2019年6月12日　午前11時21分

　日本政府が行った調査によると，日本の出生数は昨年またしても減少し，統計を取り始めて以来最少を記録しました。政府がさまざまな方策を打ち出してきたにもかかわらず，日本の人口は減少と高齢化の一途をたどっています。

　ある政府関係者は，「出生数は増えなくてはならない，人口もそれに応じて増えなければならない」と述べています。高齢化が進めば，働くことができる若い人々の数が減り，介護が必要な高齢者の数が増えることになります。「経済を成長させるためにはもっと労働力が必要なことははっきりしており，経済成長以外に，増え続ける高齢者の面倒を見られるだけの十分な税収を生み出す手立てはない」と彼は主張しています。

　しかしながら，異なる考えを持つ人々もいます。人口研究が専門のある大学教授は，「人口減少は自然なことであり，健全なことでもあります」と言っています。日本の人口はすでに増えすぎており，経済活動は環境にダメージを与えていると彼女は考えています。彼女はこう続けています，「もし人口が適正レベルまで減少すれば，状況は好転します。土地や動物，魚，森林などの自然の恵みを1人ひとりが今よりもたくさん受け取ることができます。そうなれば，私たちは今よりずっと生活しやすくなるでしょう」。

最新のコメント

イノウエ・ユウイチ 2019年6月13日　午後9時5分

私は西日本にある小さな町に住んでいます。私たちの町でも人口は減少し，高齢化しています。自然はたくさんありますが，生活はちっともよくなっていません。私はもっと若い人が多くて，大きな，活気のある社会に暮らしたいと思っています。この国に住むみんなが同じように思っているんじゃないでしょうか。

語 句

第1段落

newborn baby	熟	新生児
drop	動	下がる
hit a mark	熟	記録を出す

第2段落

accordingly	副	それに応じて

workforce	名	労働人口
generate	動	～を生み出す

第3段落

proper	形	適切な

コメント

plenty of ～	熟	たくさんの～

解 説

問1　★★☆☆☆

訳　日本政府による調査によれば，日本の人口は | 11 | 。

① 政府が食い止めようとしているにもかかわらず，減少，高齢化している
② 計画通りに減少，高齢化している
③ 政府が食い止めようとしているにもかかわらず，増加，高齢化している
④ 計画通りに増加，高齢化している

解説

Keys for Search

設問文中の「日本政府による調査」。

Areas for Search

第1段落「話題提示」，第2段落「マイナスの指摘」，最終段落「プラスの指摘」の構成。

意見ではなく事実を問う設問であり，サーチ対象は第1段落。同段落最終文，Japan's population keeps declining and aging despite the government's efforts. に一致する① が正解。

問2　★★★☆☆

訳　あなたのチームは「日本の人口は増加するべきだ」という討論の議題を支持する。この記事の中で，あなたのチームに役立つ1つの**意見**（事実ではない）は | 12 | とい

うものである。

① 人口の減少は深刻な経済危機を招きかねない
② **人口の増加は十分な税収を生み出すことができる**
③ 幸福に暮らすには，より多くの人口が必要だ
④ 昨年の出生数は前年を下回った

解説

Fact or Opinion?

本文中で「根拠がどこまではっきり示されているか」で「事実」か「意見」を判断する。

①「招きかねない」…「根拠が十分」なら＝客観＝事実。
　　　　　　　　　　…「誰かのただの考え」なら＝主観＝意見。
②「生み出すことができる」…「根拠が十分」なら＝客観＝事実。
　　　　　　　　　　　　　　　…「誰かのただの考え」なら＝主観＝意見。
③「必要だ」…「根拠が十分」なら＝客観＝事実。
　　　　　　　…「誰かのただの考え」なら＝主観＝意見。
④「下回った」＝客観＝事実。

Keys for Search

①「経済危機」，②「税収」，③「幸せに暮らす」。

Areas for Search

your team の立場は「増加すべき」。サーチ対象は第2段落。

内容が「事実」なのか「意見」なのかがはっきりわからない選択肢がある。そういう場合は，「根拠が十分か十分でないか」，つまり本文中に確固たる根拠が提示されているかどうかで判断すればよい。第2段落には②「税収」に関して述べる部分が最終文に現れるが，この部分は a government official の発言であり，最後に he argued「彼は主張した」とある。つまり，事実と認定できるほどの「誰もが認める明確な根拠」は示されず，あくまで「主張」＝「意見」に過ぎないことがわかる。したがって正解は②。① は「言い過ぎ」の選択肢。同段落最終文には「経済成長にはもっと労働力が必要」とあるだけで「このままでは深刻な経済危機！」とまでは述べていない。③ は本文に記述がない。

問3　★★★☆☆

訳　もう1つのチームはこの議題に反対する。この記事の中で，そのチームに役立つ1つの**意見**（事実ではない）は ☐13☐ ということである。

① 人口研究の専門家の中には日本の人口減少を扱う人もいる
② **日本の人口は多すぎであり，環境にダメージを引き起こしている**
③ 政府は将来の世代のために自然を保護している
④ 政府は現在の人口を積極的に維持すべきだ

解説

Fact or Opinion?

選択肢を「客観＝事実」と「主観＝意見」に分別。

① 「ある専門家が扱っている」＝客観＝事実。

② 「多すぎる」＝主観＝意見。

③ 「保護している」＝客観＝事実。

④ 「維持すべき」＝主観＝意見。

Keys for Search

② 「多すぎる」, ④ 「政府」。

Areas for Search

your team と反対の立場。サーチ対象は最終段落。

第3文 She believes Japan's population is already too large and its economic activity is damaging the environment. が根拠で，正解は②である。②は She believes の内容，つまり「彼女のただの考え」であり，「事実認定可能な明確な根拠」は示されていない。④は最終段落に記述がないため不正解。

問4　★★★☆☆

訳　記事の第1段落で，"hit the lowest mark" とは ［ 14 ］ ということを意味している。

① 非常に安定した　　　② みんなを失望させた

③ 若い人々を興奮させた　④ **最少の数字に達した**

解説

Image Approach

直前直後の文からこのフレーズの持つ「イメージ」を推測。

the lowest という表現から「一番低い」のイメージをつかむのは容易。あとはこの「一番低い」が具体的に何を意味するかを直前直後から推測する。直前に dropped again 「また減少した」とあり，さらに and のあとにこの表現があることから「最低値に達した」とわかる。正解は④である。

問5　★★☆☆☆

訳　コメントによると，イノウエ・ユウイチさんはこの記事に述べられた現在の日本の人口動態を[に] ［ 15 ］。

① **歓迎していない**　　　② 特定の意見を持っていない

③ 部分的には歓迎している　④ 強く歓迎している

解説

In Short

コメント全体を一言に。

第4文 I prefer to live in a younger, bigger, and more active society. が最もわかりやすい表現だろうが，他にもその直前の our lives are not any better や最終文の This should be the same など，現状への不満タラタラである。言いたいことは，「最悪！」の一言。①が正解である。

第3問A

→ 問題 別冊 P.70

解　答

問1	16	③	（各2点）
問2	17	②	

英文の訳

ニュージーランドの高校に通う日本人の男子交換留学生が書いたブログで，以下の話を見つけました。

崖からのジャンプ
8月14日（水）

　今日，ホストブラザーのブラッドと一緒に崖からのジャンプをしに湖に行きました。崖の上からジャンプしてそのまま下の湖に飛び込める場所があるのです。車で2時間ぐらい行って，その場所に到着しました。崖にはすでに5人の人がいました。

　ワクワクしながら車を降りて，歩いて崖っぷちまで行き，下を覗いてみました。崖は15メートルぐらいの高さでした。ここから間もなく飛び降りることになる。怖くて立ちすくんでしまいました。でも，ブラッドはまるで平気でした。彼は着替えると，走り始めました。彼は頭から水に飛び込んだのです！

　しばらくして，僕の番になりました。下を見ないようにしたんですが，それでもあまりに怖くて飛び込めませんでした。すると突然，12歳の女の子がやって来て，何のためらいもなく飛び降りたんです！　こうなっては，やらないわけにはいきません。みんなが僕を見ているし，ブラッドはスマートフォンをカメラ機能にして構えていました。僕は息を止めて，そしてジャンプしました！　時間が止まったみたいでした。それから突然，僕は深く澄んだ水の中にいたのです。ゆっくり水面に泳いで上がりました。

　生きて帰っただけでなく，それまで以上に生きている実感がわきました。今は自分が強くなれた気がします。

語　句

cliff	名 崖	head-first	副 頭から
第1段落		第3段落	
dive into 〜	熟 〜に飛び込む	turn	名 順番
第2段落		scared	形 怖がっている
be frozen with fear	熟 恐怖で動けなくなる	hesitation	名 ためらい

111

hold *one's* breath　熟　息を止める

問1　★★☆☆☆

訳　この日，　16　。

① 女の子が筆者にジャンプの仕方を説明してくれた

② ブラッドは1度もジャンプをせず，代わりに写真を撮っていた

③ 筆者は人々が見守る中でジャンプした

④ 筆者が着いたとき，崖には誰もいなかった

解説

Keys for Search

①「女の子」，②「写真」，③「みんなが見守る」，④「誰もいなかった」。

Areas for Search

エリアがはっきりしなければ全体をスピーディーにスキャンする。

第1段落最終文，There were already five people at the cliff. から④ は不正解。「女の子」が登場するのは第3段落第3文の a 12-year-old girl came and jumped off the cliff with no hesitation! のみで，① は不正解。「写真」に関係する記述も同段落第5文 Brad was holding his smartphone as a camera のみであり，② も不正解。正解は同段落第5，6文の Everybody was looking at me, ... I held my breath, and jumped! から，③ である。

問2　★★☆☆☆

訳　このブログの筆者は　17　ことがわかる。

① 泳げないのでジャンプするのに苦労した

② 両手を上げてジャンプした

③ 何がもらえるわけでもないのにそんな危険を冒したことを後悔した

④ 崖からジャンプするというアイデアに初めから乗り気でなかった

解説

Keys for Search

①「泳げなかった」，②「両手を上げて」，③「後悔した」，④「初めから」「乗り気」。

Areas for Search

本文中に解答の根拠が現れないこともある。

解答の根拠はイラスト。このイラストから正解は② になる。他の選択肢，④ は第2段落第1文の We got off the car, excited, から不正解，① は第3段落最終文 I slowly swam up to the surface. から不正解，③ は最終段落第1 および最終文 I came back alive and felt more alive than ever. I am a stronger man now. から不正解。

第3問B

▶ 問題 別冊 P.72

解答

問1	18	①	(各2点)
問2	19	③	
問3	20	①	

英文の訳

あなたはある海外留学情報誌で以下の話を見つけました。

イングリッシュパブ

ジェイン・サマーズ（英語教師）

　パブやレストランで友人と食事をするのは楽しい経験であるべきです。しかしながら，時には外国での外食を少々難しいものにしてしまう文化的な相違点もあります。

　昨年の夏，私たちの語学学校に勉強しにやってきた日本人大学生のエミコは，彼女があるイングリッシュパブで経験したおもしろい出来事を話してくれました。ある日の午後，エミコと韓国人のクラスメイトたちは昼食をとりに伝統的なイングリッシュパブに出かけることにしました。それまでイングリッシュパブに行ったことがなかったので，彼女たちは間違った振舞いをしてしまわないかと心配でした。パブに入ると，ウエイターがテーブルに案内してくれるのをドアのところで待っていましたが，ウエイターは来てくれません。エミコはなんてサービスが行き届いていないんだろうと腹立たしくなりました。彼女たちは席に着くことにしました。メニューを見てウエイターが注文を取りに来るのを待ちました。でも，誰も彼女たちの席に来てはくれません。エミコもクラスメイトたちも大変イライラしました。エミコは友人たちに，「日本では注文したいときには『すみません』と言うの」と言うと，「イクスキューズ・ミー！」と大声で叫んでみました。するとパブにいた人たち全員がおしゃべりを止めて，エミコのほうを見たのです。彼女の顔は突然赤くなり，パブを急いで飛び出したくなりました。

　ちょうどそのとき，1人の店員が彼女たちの席にやって来ました。彼は，「イングリッシュパブでは，お客さんはバーカウンターで注文しなければなりません。ウエイターサービスがないんです。それから，食べたあとじゃなく，注文するときにお金を払わなきゃいけないんです」と説明してくれました。エミコと友人たちは彼に謝って，自分たちの食べ物を注文したのでした。

　私は，エミコの話を聞いたとき笑ってしまいましたが，彼女はそれから「おかげで

私は英語を話すときだけじゃなくて，パブやレストランで注文するときにも自信がついてきました」と言ったんです。彼女の話を聞いて私は，外国ではその国の文化を理解することが言葉を理解するのと同じように大切なのだと気づいたのでした。

第2段落

poor 　形 質の悪い

irritate 　動 〜をいらいらさせる

rush out of 〜 　熟 〜を急に飛び出す

第4段落

confident 　形 自信に満ちた

解 説

問1　★★★☆☆

訳　この話によると，エミコの気持ちは以下の順に変化した：　18

① 心配→腹が立った→イライラ→恥ずかしい→自信がある

② 心配→腹が立った→恥ずかしい→自信がある→イライラ

③ 心配→腹が立った→自信がある→イライラ→恥ずかしい

④ 心配→イライラ→恥ずかしい→腹が立った→自信がある

⑤ 心配→イライラ→自信がある→恥ずかしい→腹が立った

⑥ 心配→恥ずかしい→自信がある→イライラ→腹が立った

解 説

Keys for Search

選択肢の「最初の3つ」。⑥は「ないだろう」でOK。

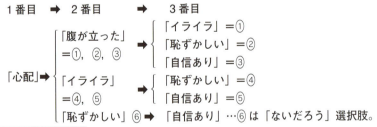

Areas for Search

「最初から順に」上の「変化」を追う。

afraid を確認することからスタート。第2段落第3文。次に続く候補は angry と annoyed の2つ（ashamed は⑥だけなので最初から考えなくていい）なので直後からスピーディーに検索。同段落第5文で angry がヒット。正解候補は①，②，③の3つ。次が決定打になる。同段落第9文で Emiko and her friends felt very irritated. を確認し，正解が①に決まる。

問2　★★☆☆☆

訳　伝統的なイングリッシュパブで「すみません」と叫ぶのは，　19　ので効果的でない。

① ウエイターがいつでも席まで来てくれる
② 客は食べ終えてからお金を払わなければならない
③ **イングリッシュパブにはウエイターがいない**
④ 他の客がみなおしゃべりをやめてしまう

解説

Keys for Search

「**Excuse me**」。

Areas for Search

パブのシーンは第2段落だけではないことに注意する。

Excuse me をそのままサーチできるので容易かと思われる設問。第2段落第10文中の so she tried shouting "Excuse me!" in a loud voice は確かにあっさりヒットするものの，「なぜ効果的でないか」は周囲に述べられていない。ここで無理に頭を絞って解答しようとしないこと。「エミコのパブ体験」が書かれているのは第2段落だけではない。続く第3段落でも同じシーンが続く。落ち着いて第3段落に進んで行けば，第2，3文に in an English pub, the customers have to order at the bar counter. There is no waiter service. とあることに気づくことができる。正解は③。サーチエリアを思い込みで限定してしまわないことが重要である。

問3　★★☆☆☆

訳　この話から，エミコは　20　ことがわかる。

① **文化の理解と自分の英語力に自信を持つことができた**
② 外国で新しい友だちをたくさん作った
③ クラスメイトに日本のレストランでの支払いの仕方を教えた
④ 1人でパブに出かけ，食事を楽しんだ

解説

Sketch

段落スケッチから「結論」を引き出す設問。

　第1段落「文化の違いで外食が楽しめないこともある」
　第2段落「パブでの注文の仕方がわからず恥ずかしい思いをした」
　第3段落「いると思ったウエイターはパブにはいないことがわかった」
　最終段落「文化の理解は言葉の理解と同様に重要だ」

パブ体験はあくまで1つの例。この話の結論は「異文化の理解の大切さ」である。この設問で問われているのはこの結論であり，したがって正解は①になる。

第**4**問

▶ 問題 別冊 P.74

解　答

問1	21	①	(3点)
問2	22	①	(3点)
問3	23	②	(4点)
問4	24	①	(3点) ＊24と25全部正解の場合のみ
	25	③	
問5	26	②	(3点)

英文の訳

あなたは現代の買い物の習慣について調査をしています。以下の2つの記事を見つけました。

現代の買い物の習慣

ジョージ・ハリス
2019年1月

　私たちの買い物の仕方は常に変化しています。例えば，スーパーは1950年代に一般的なものになり始めたに過ぎません。それまで，人々は毎日買い物をしなくてはならず，さまざまな種類の食材を買いにいろんなお店に行かなくてはなりませんでした。最近では，1週間に1度，車でスーパーに出かけて食料品を買うのが一般的です。中には1か月に1度という人もいます。

　もちろん，最大の変化は，食品でも衣料品でもそれ以外のものでも，今では実店舗に行かなくてもネットで購入できることです。イギリス政府が行ったある調査によると，2007年には，あらゆる買い物のうちネットショッピングの占める割合はおよそ3％に過ぎませんでした。しかしながら2018年になると，その数字は18％にまで上昇していました。若者だけでなく高齢者も等しくネットで買い物しているのです。この動向は今後も続く可能性が高いように思われます。

　ネットショッピングはすべての部門で増加しています。このグラフはさまざまな商品カテゴリーについてネットで完結した販売の割合を示しています。食品，飲料，それに化粧品は今でも大半が実店舗で購入されている一方，オフィス用品や家電製品では2016年におよそ3分の1がネットで購入されました。書籍やCDの売上は同年，約4分の1がネット販売によるものでした。

私は，ネットショッピングは今後も人気が増し続けると考えます。ネットショッピングは便利であるだけでなく，店舗で商品を購入するよりも安いことが多いからです。食品や衣料品をネットで買うと，クレジットカードで支払い，翌日にはその商品を家に届けてもらえます。21世紀に商売が上手くいくためには，顧客にネットで商品を購入してもらう方法を提供しなければなりません。これは未来のショッピングスタイルです。

2016年イギリスにおけるEコマースの売上

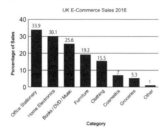

「現代の買い物の習慣」についての意見

エミリー・ミレン

　店舗ではなくネットで買い物をする傾向は私の仕事に大きな影響を与えています。私のお店を訪れる人は毎年減っており，私の利益もまた減っています。ジョージ・ハリスさんの記事に載っているグラフによれば，私の扱っている商品部門では，ネットでの購入が今ではおよそ4分の1を占めています。そして私もまた，この数字は今後も大きくなり続けると思います。

　ネットでの買い物は便利でしばしばより安いのですが，多くの小規模事業を廃業に追い込んでいます。私の住んでいる町には2010年には書店が5軒ありましたが，今は1軒だけです。営業を続けられないのは書店だけではありません。CDやおもちゃ，衣料品，文房具を売るお店も影響を受けています。お店がなくなってしまえば，店員も職を失い，お客様も買う前に本物の商品を見たり触ったりする機会を失ってしまいます。多くのお年寄りはネットショッピングにまだ慣れていませんから，お店はそういう地域住民にとって重要です。お店はまた，人と人とのやりとり，コミュニケーションの機会も提供します。

　私たちはお店を守らなければいけないと私は思います。ネットで買い物をする傾向が続けば私たちの町は空っぽになってしまい，人々は仕事を失い，お客様は買い物の選択肢も人とやりとりする機会も失ってしまいます。

語　句

habit	名 習慣	グラフ	
英文 1　第 2 段落		e-commerce	名 インターネット上で商品
physical	形 実在の		やサービスの売買を行う取引のこと
rise to ~	熟 ~まで上昇する	stationery	名 文房具
英文 1　第 3 段落		英文 2　第 1 段落	
sector	名 部門	major	形 大きな
office supplies	熟 事務用品	account for ~	熟 ~(割合)を占める
electronics	名 電子機器	one fourth of ~	熟 ~の 4 分の 1
a quarter of ~	熟 ~の 4 分の 1	英文 2　第 2 段落	
英文 1　第 4 段落		lead to ~	熟 ~につながる
popularity	名 人気	affect	動 ~に影響を及ぼす
		interaction	名 交流

解　説

問 1　★★☆☆☆

訳　ジョージ・ハリスも店舗経営者も　21　に言及していない。

① **クレジットカードを使ってネットで買い物をすることに関する問題点**

② ネットショッピングの便利さ

③ ネットショッピングの年齢層による違い

④ ネットショッピングが地域の商売に与える影響

解説

Keys for Search

①「クレジットカード」，②「便利さ」，③「年齢」あるいは「若者」「高齢者」など，④「実店舗」。

Areas for Search

2 人のオピニオン全体。

George Harris のオピニオン：　第 1 段落，第 2 段落，第 3 段落該当なし，最終段落第 2 文で② がヒット。第 3 文に「クレジットカード」が登場するものの，「問題点」が述べられた文ではないので① は当たらず。

Emily Millen のオピニオン：　第 1 段落第 1，2 文で④ がヒット。第 2 段落に入り，第 1 文で② と④ が同時にヒット。段落最後まで④ の話題が続く。最終段落も同様，終始④ についての話。第 2 段落第 6 文で③ にヒット。以上から，2 人とも言及していないのは①。

問 2　★★☆☆☆

訳　この店舗経営者はおそらく　22　を売っている。

① **書籍**　　② 衣料品　　③ 文房具　　④ おもちゃ

Keys for Search

商品名は直接出てこない。「グラフに関する情報」をサーチする。

Areas for Search

Emily Millen のオピニオンをサーチ➡グラフを読む。

Emily Millen のオピニオン中，グラフに関係する情報は第1段落第3文。According to the graph in George Harris's article, online shopping now accounts for about one fourth of sales in my sector. から，商品は25％がネット販売であることがわかる。グラフを見ると当てはまるのは Books/DVD/Music。したがって，正解は①。

問3　★★★★☆

訳 記事によると，ネットでの買い物は ｜ 23 ｜ ので客にとってよいものである。（正しい答えの組み合わせを選びなさい。）

A 店舗で買い物するより安い可能性がある

B ネット上でコミュニケーションの機会が得られる

C 買ったものが直接家に届けられる

D 選択肢の数が多い

解説

Keys for Search

「ネットショッピング＝プラス」で語られている内容。

Areas for Search

問1より，「ネットショッピング＝プラス」は George Harris のオピニオン最終段落と Emily Millen のオピニオン第2段落冒頭のみ。

George Harris は Shopping online is convenient and often cheaper than buying goods in stores. When I buy food or clothes online, I can pay by credit card and my items are delivered to my home the next day. と述べており，これにあたるAとCが正しい。Emily Millen のオピニオンには Although shopping online is convenient and often cheaper としか述べられていないため，BとDは該当しない。よって正解はAとCの2つを含む②である。

問4　★★★☆☆

訳 ジョージ・ハリスは ｜ 24 ｜ と述べ，店舗経営者は ｜ 25 ｜ と述べている。（それぞれの空所に異なる選択肢を選びなさい）

① 企業は現代の買い物の傾向に順応しなければならない ｜ 24 ｜

② 高齢者は未来の買い物の傾向に順応できるようにならなければならない

③ 現代の買い物の傾向は町やコミュニティに悪影響を与える ｜ 25 ｜

④ ネットショッピングは人とのやりとりやコミュニケーションに有用である

⑤ 実店舗はもはやコミュニティにとって重要でない

119

Keys for Search
① 「企業」, ② 「未来の買い物」, ③ 「コミュニティにマイナス」,
④ 「コミュニケーションにプラス」, ⑤ 「店はいらない」。

Areas for Search
2 人のオピニオン全体。

George Harris のオピニオン： 第 1〜3 段落該当なし, 最終段落第 4 文に In the 21st century, for a business to be successful, it must provide a way for its customers to shop online. とある。したがって 24 は① が正解。

Emily Millen のオピニオン： 第 2 段落全体の内容が最大の根拠となって 25 には③ が入るが, 全段落で「ネットのせいで店舗経営が危機である」ことが主題となっていることは, 問 1 や問 3 の解答作業から極めてクリアに把握されているだろう。

問 5　★★★★☆

訳　両方の記事の情報に基づき, あなたは宿題のレポートを書くつもりだ。あなたのレポートに最もふさわしいタイトルは 26 だろう。

① ネットで安く買うためのガイド
② **現代の買い物の傾向が私たちのコミュニティをどう変えるか**
③ ネットショッピングはすべての年齢層で一般的になりつつある
④ ネットショッピングの多くの利点

解説

Sketch　各段落をスケッチ。

George Harris：
　第 1 段落「買い物の仕方は時代とともに変わる」
　第 2 段落「世代を問わず, 買い物はお店からネットへ」
　第 3 段落「ネットショッピングはあらゆる商品で増加」
　最終段落「便利だし安いし, これからも増え続けるだろう」

Emily Millen：
　第 1 段落「ネットのせいで店の売上が減った」
　第 2 段落「ネットのせいで閉店が増えているが, お店は大事だ」
　最終段落「お店を守らなければ！」

In Short　スケッチを圧縮。

スケッチを圧縮すると, 「ネットショッピングは今後さらに普及するだろう。しかし, 既存の店舗やコミュニティに与える影響は無視すべきでない」ぐらいになる。つまり, 「ネットショッピングの普及」に対して, George Harris は「プラスの側面」を, Emily Millen は「マイナスの側面」をそれぞれ指摘している。①, ④ は「プラスの側面」のみに焦点が当たっているため内容として不十分であり, 不正解。③ は「すべての年齢層」が不適。したがって正解は②。

第**5**問

▶▶ 問題 別冊 P.78

解　答

問 1	27	⑤	28	④	29	③	30	①	31	②
										(5点)*
問 2	32	④	(5点)							
問 3	33	①	(5点)							
問 4	34	①	(5点)							

＊全部正解の場合のみ

英文の訳

あなたのグループは「音楽の聴き方は時代とともにどう変わったか」というタイトルのポスター発表に向け，下の雑誌記事から得た情報を用いて準備をしています。

音楽再生の昔と今

　最近，私たちの多くはスマートフォンかデジタル音楽プレーヤーを使って音楽を聴いており，インターネット上でいつでも好きな時に音楽をダウンロードしたりストリーミング再生したりできます。私たちの多くは自分のデバイスに何千という数の歌を保存してあります。しかしながら，録音された音楽がいつの時代もこれほど手軽に聴けたわけではありません。インターネットから音楽をダウンロードできるのも，ここ10年のことに過ぎないのです。もっと言えば，音楽を録音再生できる装置が最初に発明されたのは，今からおよそ140年前のことに過ぎません。この装置を最初に生み出した人物が，アメリカの発明家トーマス・エジソンでした。

　彼が発明した装置は「フォノグラフ」と呼ばれ，最初に作られたのは1877年のことでした。フォノグラフは，音を回転する筒の溝として記録するという仕組みでした。音楽を再生するには，「スタイラス」という名の針が箔に刻まれた溝をなぞって震動を起こすように作られていました。しかし，最初のフォノグラフの音質は非常に粗末なものでした。フォノグラフの設計は1880年代に，ドイツ人発明家であるエミール・ベルリナーによって改良され，録音再生するのに筒ではなくガラス製の平らな円盤を使用しました。彼が作った装置は「グラモフォン」という名前で知られるようになりました。

　グラモフォンとレコードは進化を続けました。ガラスを使う代わりに，製造業者はゴムを使い始め，その後，大量生産するためにさまざまな種類のプラスチックを使うようになりました。1950年代になると，ビニールがレコードの主要素材となりました。ビニールレコードは今日でも利用されてはいるものの，私たちの音楽の聴き方が次に大きく変化したのは，1960年代後半にコンパクトカセットが開発されたときで

121

す。カセットは音楽の録音再生に磁気テープを使用し，両面が使用できたため，1本のカセットに長時間の音楽が保存可能でした。当初，カセットは「テープデッキ」という大きな装置で利用されていましたが，1979年，「ウォークマン」という携帯音楽プレーヤーがソニーから発売されました。ウォークマンのおかげで，人々はどこへ行くにも音楽を持ち運ぶことができるようになりました。

　カセットの人気がピークを迎えたのは1980年代でした。同じころ，コンパクトディスク（CD）が開発されていました。CDはソニー，フィリップスの両社によって開発され，音楽をデジタル保存する初めての規格でした。CDがカセットに勝る点には，音質がよりよく，記憶容量が増しており，リスナーが選んだトラックにスキップできることなどがありました。初期のCDプレーヤーは価格が1,000ドルを超えていましたが，やがてもっと手ごろになりました。1992年には，CDの売上は全世界でカセットを上回っていました。

　1990年代後半，初の携帯型MP3プレーヤーがさまざまな電子機器ブランドから発売されました。これらの音楽プレーヤーはソニーのウォークマンと比べてさらに小さく，また，人々は初めて1枚のアルバムよりも多くの音楽を保存できるようになりました。しかし，携帯音楽プレーヤーに革命を引き起こしたのは，2001年アップル社によって最初のiPodが売り出されたことでした。最初のiPodは5GBの記憶容量を持ち，およそ1,000曲もの保存が可能だったのです。さらに，iTunesストアから1曲わずか99セントからダウンロードして手に入れることができ，新曲を購入する最も安価な方法となりました。

　音楽を直接自分のデバイスにストリーミングしたりダウンロードして聴いている今，音楽の録音再生技術が将来どう変化するかを想像することは容易ではありません。しかしながら，私たちの音楽の聴き方が進化し続けることは，ほぼ間違いないのです。

音楽の聴き方は時代とともにどう変わったか
●技術の変化

期間	出来事
1870年代	トーマス・エジソンによるフォノグラフの発明
1880年代	27
1950年代	28
1960年代	29
1980年代	30
2000年代	31

●ソニーについて

◆ソニーは1979年にウォークマンを発売した。
◆ソニーは以下の理由で音楽技術の発展において重要だった： 32

●21世紀のデジタル革命
◆初期のiPodの宣伝文句は： 33 。
◆デジタル音楽の利便性が意味したこと： 34

語　句

第1段落

stream	動	〜をストリーミングする
save	動	〜を保存する
device	名	装置

第2段落

groove	名	溝
tube	名	筒
needle	名	針
vibrate	動	震動する
flat	形	平らな

第3段落

evolve	動	進化する
manufacturer	名	製造業者
rubber	名	ゴム
vinyl	名	ビニール
magnetic	形	磁気の
double-sided	形	両側の

store	動	〜を保存する
tape deck		
	熟	カセットテープを録音・再生する機器
portable	形	持ち運びのできる

第4段落

peak	名	頂点
format	名	形式, 型
digitally	副	デジタル方式で
storage	名	保存量
track	名	(録音された)曲
affordable	形	手ごろな
overtake	動	〜を追い抜く

第5段落

brand	名	ブランド
tiny	形	とても小さな
launch	名	(新製品の)売り出し

解　説

問1　★★★★☆

訳　あなたのグループのメンバーが音楽を聴くことに関係する技術の発展をリストアップしました。それらを起きた順に空所 27 〜 31 に入れなさい。

① コンパクトディスクが2つの大手テクノロジー[技術系]企業によって開発された。 30

② デジタル音楽が初めてオンラインで購入できるようになった。 31

③ AB2面の磁気カセットテープが初めて生産された。 29

④ ビニールレコードの大量生産が開始された。 28

⑤ 最初の平らなレコードが発明された。 27

解説

Keys for Search

① 「CD」, ② 「デジタル」「ネット」, ③ 「カセット」, ④ 「ビニールレコード」「大量生

産」，⑤「初」「平らなレコード」。

Areas for Search
全体。
第 2 段落第 5 文に a flat record があり，第 3 段落第 3 文に Vinyl became the main material for records，第 4 文に the development of the compact cassette tape，第 4 段落第 2 文に the compact disc (CD) was being developed，そして第 5 段落最終文に the iTunes store の話題，ネットでの音楽購入について述べられている。正解は　27　が⑤，　28　が④，　29　が③，　30　が①，　31　が②になる。

問 2　★★★★☆
訳　文を完成させるのに最も適切な記述を選びなさい。（正しい答えの組み合わせを選びなさい。）　32

　A　ソニーはフィリップスを打ち負かし，CD を最初に開発した会社になった。
　B　ソニーはフィリップスと共同で最初のデジタル音楽記憶規格を開発した。
　C　ソニーは世界で最も安価な CD プレーヤーを開発した。
　D　ソニーは携帯型カセットプレーヤーを最初に発明した会社だった。
　E　ソニーはカセットテープデッキを最初に発明した会社だった。
　F　ソニーはコンパクトディスクを販売する唯一の会社だった。

解説
Keys for Search
選択肢からキーを抽出するより，「ソニー」をサーチしたほうが圧倒的に速く正確。
Areas for Search
エジソンやベルリナーの時代は無関係。サーチ対象は第 3 段落以降。
第 3 段落第 6 文にソニーが初登場。At first, cassettes were played on large devices called "tape decks," but in 1979, a portable music player called the "WALKMAN" was released by Sony. で D が正しい。続く第 4 段落第 3 文に The CD was developed by both Sony and Philips, and was the first format to store music digitally. とあることから B が正しい。第 5 段落に再度 the Sony WALKMAN が現れるが，これはソニーの業績に関する文ではない。以上から，B と D の 2 つを含む④が正解。

問 3　★★★☆☆
訳　次のうちどれが初期の iPod 製品の広告スローガンだった可能性が最も高いか。
33
　① 1,000 曲をポケットに
　② 最安で最高
　③ ただ 1 つのデジタル音楽プレーヤー
　④ 世界初の携帯音楽プレーヤー

解説

問2同様，設問文中の「初期の iPod」。

iPod の登場は CD より後ろ。したがって第 5 段落以降。

iPod は第 5 段落第 3，4 文に登場。However, it was the launch of Apple's first iPod in 2001 that revolutionized portable music players. The first iPod had 5GB of storage which was enough for around 1,000 songs. から① が正解であることを判断するのは難しくないだろう。同段落第 1 文で，すでにさまざまな portable MP3 players が発売されていたことが述べられており，③ は不正解。④ は the Sony WALKMAN であり不正解。② は本文に全く述べられていない。

問 4　　★★★★☆

訳　文を完成させるのに最も適切な記述を選びなさい。（正しい答えの組み合わせを選びなさい。）　34

A　音楽はネットで購入し，デバイスにダウンロードしたりストリーミング再生することができた

B　人々は以前よりも安く音楽を購入できた

C　人々は以前よりも多くの音楽を保存できた

D　人々はもはやレコード，CD，カセットを買わなかった

E　テクノロジー企業は音楽プレーヤーの開発を止めてしまった

F　私たちの音楽の聴き方が将来変わる可能性は低い

解説

問題文の空所　34　直前から「digital music ＝プラス」を追う。

➡ E は「あり得ない」ことがすぐわかる。削除 OK。

21 世紀のデジタル規格は第 5 段落以降を中心にサーチ。

第 5 段落第 2 文に for the first time, people could store more than one album，さらに第 4 文で iPod について enough for around 1,000 songs と続く。この 2 文が根拠となって C が正しい。同段落最終文および最終段落第 1 文から A も正しい（第 1 段落にも同様の記述あり）。その第 5 段落最終文には making it the cheapest way to consume new music とも書かれており，この the cheapest は文脈から the cheapest in history を表している。したがって B も正しい。D には「レコード」「カセット」が現れることから第 3 段落もサーチエリアになる。同段落第 4 文に Although vinyl records are still in use today, とあることから不適。F が最終段落最終文の内容に反することはすぐに気がついただろう。よって正解は A，B，C の 3 つを含む①。

解答

問1	35	①	(各3点)
問2	36	②	
問3	37	②	
問4	38	④	

英文の訳

日本の食習慣がどう変化してきたかに関するグループ発表の準備をしています。あなたは以下の記事を見つけました。

日本の食習慣における変化

[1]　和食はおいしいだけでなく健康にもいいと世界中で有名です。日本人は他の先進国の人々よりも長寿で肥満になりにくく，それは伝統的な和食が健康にいいことに起因しているのでしょう。伝統的和食は穀物，野菜，大豆，魚を多く含み，肉と乳製品はあまり使われません。大豆と魚が多いことは，心臓疾患のリスクが低いことと関係があります。平均的なアメリカ人男性は日本人男性に比べて心臓発作を起こす可能性が3倍高いのです。高血糖によって引き起こされる病気もまた，アメリカに比べて日本でははるかに少ししか見られません。

[2]　和食は明らかに健康にいいものです。しかしながら，現代の日本では，時間をかけて伝統的な和食を作って食べている人々は多くありません。2011年に日本の厚生労働省が行った調査によると，肉の消費量が急速に増えている一方で，野菜の消費量が落ちこんでいます。2001年には，1人の成人の日本人は1日平均74グラムの肉を食べていたのに対し，2011年には平均が80.7グラムになっています。一方で，野菜の消費量は同じ時期に295.8グラムから277.4グラムに減っています。

[3]　現代の日本人の食事におけるもう1つの大きな変化は，白米を食べなくなっていることです。1962年には，成人は1年に平均で118キログラムのお米を食べていました。しかし，2016年になると，その数字は1人あたりほんの54キログラムになりました。若い日本人は今ではお米よりもパンや麺類を好み，白米よりも味つきご飯を好む傾向があります。つまり，日本人の食事はより西洋化しつつあるのです。

[4]　食事の西洋化の動きは，第2次世界大戦後の経済成長期に始まりました。国の学校給食制度により，学校で温かい料理と一緒にパンと牛乳が出されるようになったのです。このことが若い世代の好みを変えたと多くの人々が信じています。また，

日本の農業が変化したことで，肉と乳製品がより手ごろで手に入りやすくなりました。さらに，大都市が発達して若者が田舎を離れることも，国民の食生活に影響を与えました。それによって若い日本人は上の世代に比べてレストランで外食をする機会が多くなり，インスタント食品などに頼る傾向が生まれたのです。家の外で働く女性が増えた結果，栄養豊富でバランスのとれた家庭料理を作る時間は短くなっています。高齢の家族と一緒に暮らす若者が減ったため，伝統的な料理をどうやって作ればいいのかという知識も失われつつあります。

[5]　　西洋の食事は高カロリー高脂質です。そのせいで日本人の平均身長は伸びましたが，平均体重も増えています。現在，日本人のおよそ25％はBMIが25を超えており，これは1962年から300％の増加です。この数字が増え続ければ，日本の心臓病と糖尿病の発生率は他の先進国に近づき始めるでしょう。

[6]　　日本政府はこの問題を認識しており，肥満率を下げるためにさまざまな政策を発表してきました。日本の企業は，従業員が健康診断をほとんど受けないということになれば罰せられることがあります。企業はまた，太りすぎの従業員に対するサポートサービスを提供しなければなりません。これらの政策は効果を上げつつあるように思われます。しかしながら，ほとんどの専門家の意見は一致しており，日本のメタボリック症候群を防ぐ最も効果的な方法は，1人ひとりが伝統的な日本の食生活へと立ち戻ることなのです。

語　句

第1段落

obese	形	肥満した
diet	名	食事
grain	名	穀物
soy	名	大豆
dairy	名	乳製品
be linked to 〜	熟	〜と関連している
heart disease	熟	心臓病
be X times more likely to *do*		
	熟	X倍〜する可能性がある
heart attack	熟	心臓発作
blood sugar	熟	血糖

第2段落

take the time to *do*		
	熟	時間をかけて〜する
ministry	名	省

welfare	名	福祉
consumption	名	消費（量）

第3段落

flavored	形	風味をつけた
westernized	形	西洋化した

第4段落

alongside	前	〜と並んで
rely on 〜	熟	〜に頼る
nutritious	形	栄養のある
balanced	形	バランスのとれた

第6段落

announce	動	発表する
obesity	名	肥満
metabolic syndrome		
	熟	メタボリックシンドローム

問1　★★★☆☆

訳　記事によると，伝統的な和食は　35　ので健康にいいと考えられている。

① 心臓疾患になる可能性を減らすと考えられている食品を含んでいる
② 味つきご飯より白米のほうを多く含んでいる
③ 十分な量の肉と乳製品を含んでいる
④ 米と麺類はパンよりも健康にいい

解　説

Keys for Search

「和食＝健康によい」。

Areas for Search

本文が「和食は健康にいい」からスタートしていたことはすぐに思い出せるだろう。
サーチエリアは第1段落，と予測できる。

第1段落全体が「和食＝健康にいい」の話題。具体的な内容が述べられているのは第3・4文。Traditional Japanese food is high in grains, vegetables, soy and fish but low in meat and dairy. Diets high in soy and fish have been linked to a lower risk of heart disease. から，「健康にいい理由」として解答になり得るのは「穀物，野菜，大豆，魚が多く含まれていること」，「肉と乳製品があまり使われていないこと」，「大豆と魚が多いことは心臓疾患のリスクが低いことと関係がある」の3つ。したがって正解は①。

問2　★★★☆☆

訳　記事によると，伝統的な日本の食事に起きた変化は　36　ことを意味している。

① 乳製品がより高価になった
② 肉とパンの消費量が急速に増えた
③ 人々がそれまでよりも多くの肉と野菜を食べ始めている
④ 米，麺類，パンの消費量が増えている

解　説

Keys for Search

①「乳製品」，②「肉・パン」，③「肉・野菜」，④「米・麺類・パン」。

Areas for Search

第1段落から順にサーチキーを漏らさずスキャン。

第1段落に「肉」「野菜」「乳製品」登場。選択肢に一致する内容なし。続いて第2段落には，第3文に「肉」の消費量が rising rapidly なのに対し「野菜」の消費量が falling とある。③ は不正解。第3段落に入り，第1文に「米離れ」。④ は不正解。第4文に「パン」「麺類」登場。最終文と会わせて，以前との比較で両者の「消費増」が間接的に示されている。第4段落第2文の学校給食の話題から，やはり「パンの消費増」がうかがえる。第4文で「肉」と「乳製品」について more available and affordable，つまり「手ごろで手に入りやすくなった」と言っているので，① は不正解。ここで①, ③, ④の不正

解が確定し，正解は②。再度チェックすると，第2段落に「肉の消費増」，第3・4段落に「パンの消費増」が述べられていることがわかる。

問3　★★★☆☆

訳　第5段落で，筆者は　37　の例を示すためにBMIの変化について言及している。
① 現代日本人の食事の利点
② 現代日本人の食事の悪影響
③ 日本人の平均身長が伸びている考え得る理由
④ 日本人の伝統的な食習慣の問題点

解説

Keys for Search
「BMI」。

Areas for Search
第5段落。「例」は直前が重要。第5段落第3文にBMI。これが「具体例」。「具体例」は「直前の重要情報」を補足するから，直前の同段落第2文を見ると，This has caused the average height of the Japanese to rise but also the average weight. Thisが指すのは直前の文全体，つまり「高カロリー高脂質な西洋食」，これは「現代の日本人の食事」でもあり，日本人の平均体重の増加の原因であるとも述べられている。正解は②。

問4　★★★★☆

訳　以下のうちどれが記事を最もよくまとめているか。　38
① 日本では米の消費量が減ったせいで，病気が増加している。
② 和食は世界一美味しい食事である。
③ 日本政府は私たちの食習慣を変える責任がある。
④ 日本人の食事の西洋化は国民の健康に悪影響を与えている。

解説

Sketch
第1段落「日本食は健康的だ」
第2段落「現代の日本では肉の消費が増え，野菜の消費が減っている」
第3段落「お米の消費も減り，食事が西洋化している」
第4段落「食生活の変化の理由はさまざま」
第5段落「西洋食の影響がすでに現れている（問題として）」
第6段落「政府もいろいろやってはいるが，重要なのは食生活をもとに戻すこと」

In Short　スケッチをさらに短く圧縮。
「食の西洋化から伝統的な日本食へ戻さないと，健康を害する結果になる」で正解は④。第5段落で健康を害する原因は「現代の日本人の食事」，つまり「西洋食」で，「米の消費減」ではないため①は不正解。②については本文中に述べられていない。最終段落最終文では「政府の責任で」食習慣を変えるとは書かれておらず，③は不正解。

第**6**問B

▶▶ 問題 別冊 P.86

解　答

問 1	39	③	（各3点）
問 2	40	①	
問 3	41 — 42	②，④	＊両方正解の場合のみ（順不同）
問 4	43	①	

英文の訳

あなたは世界の生態系が抱えるさまざまな問題を学んでいます。これから，オーストラリアのサメに今起こっていることを理解するために，以下の記事を読もうとしています。

　オーストラリアは，世界で最も危険な動物のいくつかが生息していることで有名です。人間が最も恐れる生き物の１つはサメですが，オーストラリアは毎年サメが人を襲う事件が世界で最も多く起きている国の１つなのです。過去30年で，200件を超えるサメによる人への襲撃が記録されており，47人が死亡しています。こうした襲撃のほとんどはニューサウスウェールズ州（NSW）で起きました。

　オーストラリアはどのようにしてサメによる襲撃の危険を減らしているのでしょう。オーストラリアで最も多く採用されている方法は，サメよけのためのネットです。サメよけネットは人が泳ぐビーチ周辺の水中に設置され，全長が２メートルを超えるサメを捕らえることができます。このネットがオーストラリアで初めて使われたのは1930年代で，サメによる襲撃死亡事故が数多く記録されたことを受けてのことでした。サメよけネットが導入されると，直後からサメによる人への襲撃数は減少し始め，この減少傾向は1960年代まで続きました。その後，再びサメの襲撃報告が急増したのは，サメの個体数の増加とマリンスポーツの人気によるものだと考えられています。

　ネットが導入されて以来，何千匹というサメが殺されていますが，これだけ成功を収めているにもかかわらず，多くの運動家たちがネットの使用に反対しています。理由は，こうした大型のサメは捕食動物の頂点に立つ存在であり，海の生態系が健全であるために非常に重要だからです。1950年から2008年までの間に，ニューサウスウェールズ州だけで900匹以上のホホジロザメとイタチザメがネットによって殺されました。イタチザメに関するある研究によると，彼らはウミガメの数を抑制することで海底に生育する海藻を守るのに役立っているのです。ウミガメは海藻を食べるため，数が増えすぎると，他の多くの海洋生物にとって大切な生息地である海底を傷つけてしまいます。同じような影響は珊瑚礁でも見られ，イタチザメは珊瑚に害を与え

る魚や草食魚を食べることで珊瑚礁の生態系のバランスを保つ役割を果たしているのです。また，サメが年老いた動物や病気にかかった動物を食べることで，他の海洋動物の個体数がちょうどよく保たれているということもあります。病気の動物が食べられてしまうことで他に病気が広がらずにすみ，遺伝子プールが健康に保たれているわけです。ネットについてのもう1つの問題は，ネットはサメだけでなく他の大型海洋動物も殺してしまうことです。ニューサウスウェールズ州では，1950年から2008年までの間に，イルカやウミガメなど他の海洋動物が15,000匹も殺されています。

　なぜ人がサメを恐れるのかは簡単に理解できますが，サメがいなければ海洋の生態系は崩壊してしまうでしょう。どの種類のサメであれ，絶滅すればそれが連鎖反応を引き起こし，その生態系の中にいる他のすべての野生生物に影響を及ぼします。ニューサウスウェールズ州政府はついにサメの個体数維持の重要性を認め，サメの襲撃を防止するための他の方法を試み始めつつあります。近年では，ビーチ周辺のサメの監視にドローンが用いられ，海水浴客たちに海から離れるよう警告するためにSNSが利用されています。科学者たちはまた，大型のサメをビーチに近づけさせないために音響技術の利用を提案しています。結局，人間はサメと平和的に共存する方法を見つけなくてはなりません。私たちがもしサメを殺し続ければ，珊瑚礁のような微妙にバランスを保っている海の生態系が永遠に失われてしまいかねないのですから。

語　句

第2段落

underwater	副	水中に
trap	動	～をわなで捕らえる
fatal	形	致命的な
be thought to be ～	熟	～だと考えられている

第3段落

campaigner	名	(社会)運動家
marine	形	海の
ecosystem	名	生態系
alone	副	単独で
grass	名	草
seabed	名	海底

feed on ～	熟	～を常食とする
habitat	名	生息場所
coral reef	名	珊瑚礁
gene pool	熟	遺伝子プール(ある集団に属する全個体が持っている遺伝子の総体)

第4段落

collapse	動	崩壊する
extinction	名	絶滅
chain reaction	熟	連鎖反応
drone	名	ドローン
in conclusion	熟	結論として
delicately	副	微妙に

解 説

問1　★★★☆☆

訳　イタチザメの個体数減少は　39　を引き起こす可能性が高い。

① 草食性の魚を減少させ，珊瑚礁に好影響を与える事態

② 年老いた動物や病気の動物の数を減少させ，海の生態系に悪影響を及ぼす事態

③ ウミガメの数を増加させ，海底の海藻に悪影響を及ぼす事態

④ ホホジロザメの数を増加させ，人間に悪影響を及ぼす事態

解説

Keys for Search

①「草食性の魚」，②「年老いた動物」「病気の動物」，③「ウミガメ」，④「ホホジロザメ」。

Areas for Search

「イタチザメ」が初登場する第3段落からサーチスタート。

第3段落第3文に「イタチザメ」が初登場し，続く第4・5文に A study on tiger sharks has shown that they help protect the grass seabeds by limiting the number of sea turtles. Sea turtles feed on the grass and when their population grows too large, they destroy the seabed, which is an important habitat for other marine wildlife. と書かれている。このうち第4文の「ウミガメの数を抑制→海底の海藻を守るのに役立っている＝海底の海藻に好影響」から，「イタチザメの減少→ウミガメ増加→海底海藻に悪影響」が読み取れる。正解は③である。

問2　★★★★☆

訳　以下の4つのグラフのうち，オーストラリアで起きているサメの人間襲撃事件の数を最もよく表しているのはどれか。　40

①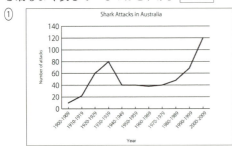

（正解のグラフ）

解説

Keys for Search

「件数」とともに「増加・減少」を表す語句。

Areas for Search

事故の件数について述べているのは主に第2段落。ここに集中。

第4～最終文に解答情報。第4文 These nets were first used in Australia in the 1930s after a high number of fatal shark attacks were recorded. から「1930年

代＝増」，続く第5文の Immediately after shark nets were introduced, the number of shark attacks on humans decreased で「減少に転じる」，ここまでで正解候補は①，②の2つに絞られる。その後，同文の this decline continued until the 1960s. から「1960年代まで減少」，そして最終文の The sharp rise in reported shark attacks since then から「その後急増」までを確認し，正解が①に決まる。

問3 ★★★★☆

訳 記事によると，以下のうちどれとどれの2つの方法が，ニューサウスウェールズ州政府によって現在試みられているか。（**2つ選ぶこと**。順序は問わない）│ 41 │・│ 42 │
① さらに大きなネットを使ってサメを捕獲したあとに放してやる。
② ビーチの利用客にインターネットのメディアプラットフォームを通じて危険を知らせる。
③ ビーチ付近を泳ぐ危険なサメをさらに多く殺す。
④ 上空からビーチエリアを監視し，大型のサメがどこにいるかを確認する。
⑤ 音響技術を使ってサメをビーチに近づけない。

解説

Keys for Search
「NSW州政府」の「新たな試み」。

Areas for Search
「サメを殺せば生態系に悪影響」ゆえの「新たな試み」は最終段落。「読んだ記憶」から。第3文の The government in NSW has finally recognized the importance of preserving the shark populations and is starting to experiment with other methods of shark control. が設問文の "methods are currently being tested by the New South Wales government" に当たる部分。直後の第4文でその具体内容が2つ述べられている。1つは drones have been used to observe sharks near beaches で，これに一致する④が1つめの正解。もう1つは直後の social media has been used to warn swimmers to leave the water で，これに一致する②がもう1つの正解。⑤は第5文で have also suggested「提案してもいる」とあり実際に使われているとは書かれていない。したがって不適。

問4 ★★★☆☆

訳 この記事に最もふさわしいタイトルは│ 43 │である。
① サメを殺せば環境が損なわれる
② 世界中の海洋保全
③ 海から捕食動物を取り除く重要性
④ オーストラリアがサメの個体数調整を始める必要がある理由

Sketch

　第１段落「オーストラリアではサメによる人への襲撃が多い」

　第２段落「サメよけネットは被害防止に効果大」

　第３段落「サメも生態系の一員で環境保護に不可欠」

　最終段落「サメを殺せば海の生態系が失われる。平和的に共存を」

第１，２段落で「始まったこと」（＝ネットでサメを殺すこと）について，第３，４段落でその是非が再評価され「やめる方向に向かっている」，という流れ。重要なのは当然後半の内容である。②は「世界中」が不正解。本文の舞台はあくまで「オーストラリア」のみ。④は「始める」が不正解。ネットでサメを殺すことが control と言えるか否かは別にしても，1930 年代から「すでに行われてきた」ことである。③は最終段落のスケッチ内容に逆行する。したがって①が正解。

模試にチャレンジ 得点表・到達度確認チャート

使い方 1. 自分の得点結果を下表の「得点」欄に記入します。

大問番号		問題内容	得点
第1問	A	情報の読み取り	/4
	B	情報の読み取り	/6
第2問	A	情報の読み取り	/10
	B	意見の読み取り	/10
第3問	A	英文読解	/4
	B	英文読解	/6
第4問		長文読解〈資料付き〉	/16
第5問		長文読解	/20
第6問	A	長文読解	/12
	B	長文読解〈資料付き〉	/12
		合計	/100

使い方 2. 下図の目盛りに得点を記し，隣同士の目盛りを直線で結べば，実力が一目でわかります。得点の低かった問題は，1st/2nd Try の問題に戻って復習しましょう。

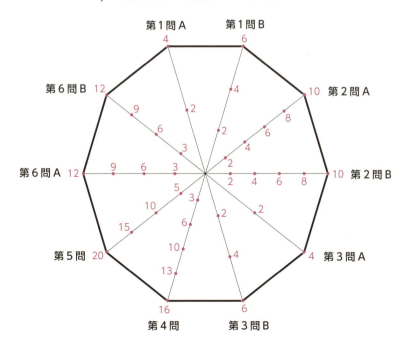